ÉDITORIAL

JANVIER 2023

La paix soit avec vous

Prier en début d'année pour l'unité des chrétiens, c'est comme vouloir porter sur l'humanité ce regard originel que l'homme et la femme ont échangé dans le jardin d'Éden lorsqu'ils se sont émerveillés l'un l'autre de se retrouver côte à côte et de se reconnaître à la fois différents et unis. Pour illustrer cela, il existe un mot, celui de « paix » qui, en hébreu, se dit « shalom ». Ce mot commence par une consonne qui signifie le feu et se termine par une autre qui signifie l'eau. Ainsi, pourrait-on dire, feu et eau sont liés, alliés pour former la paix. Ces deux éléments sont pourtant opposés: le feu peut faire disparaître l'eau en l'évaporant, et l'eau éteint le feu. Mais, tirés de leur antagonisme destructeur, le feu et l'eau sont aussi capables de s'allier pour ouvrir le large horizon de la paix telle que la Bible l'entend depuis la création du monde : un désir d'harmonie avec Dieu, avec soi-même, entre tous et avec toute la Création. Si, avec de très vieilles histoires, on peut écrire un espoir, nous pouvons accueillir cette paix et y contribuer de toutes nos forces. Meilleurs vœux à toutes et à tous. ■

Le feu et l'eau sont capables de s'allier pour ouvrir le large horizon de la paix.

La prière en braille

Grâce à vos dons, le Fonds de solidarité de *Prions en Église* permet à l'association APIDV (Accompagner promouvoir et intégrer les déficients visuels) de transcrire le mensuel en braille.

« Sans *Prions en Église* en braille, je ne pourrais pas célébrer la messe en français », affirme Pierre Pham Van Duong, prêtre assomptionniste vietnamien ayant effectué son cursus canonique en France. Ce responsable de la formation des religieux de Hô Chi Minh-Ville (Vietnam) au sourire contagieux ne cesse de répéter à quel point le mensuel est « indispensable » pour lui, prêtre. Il en est de même pour sœur Marie-Gabrielle, abonnée depuis plus de dix ans, qui se prépare à la messe quotidienne en lisant dans le *Prions en Église* en braille les lectures et les commentaires du jour.

« Les revues, pesant de 2,5 à 3,5 kg, regroupent les différents contenus du *Prions en Église* en plusieurs tomes. Certains sont en braille abrégé, d'autres en braille simplifié ou en braille intégral », explique Marie-Christine Mouttet, bénévole de l'association APIDV qui s'occupe, entre autres, de la transcription en braille du magazine. « La personne qui a une déficience visuelle a le droit d'accéder à la lecture qu'elle désire » : tel est le leitmotiv clamé par l'association anciennement appelée GIAA (Groupement des intellectuels aveugles ou amblyopes). Aux 80 abonnés de la revue vient s'ajouter une

petite centaine d'abonnés au format audio, qui ne lisent pas forcément le braille ou qui préfèrent tout simplement prier les textes du mensuel avec ce type de format. Et de ces 170 abonnés les remerciements pleuvent. Face à l'effort et au nombre d'heures passées à retranscrire l'intégralité du magazine en braille, Marie-Christine Mouttet affirme que sa première motivation reste ces catholiques malvoyants « qui attendent tous leur mensuel avec impatience ».

Personnellement, le père Pierre apprécie particulièrement le partage biblique proposé par Sylvain Gasser, qui favorise d'enrichissantes discussions en paroisse.

Pour sa part, sœur Marie-Gabrielle ne peut se passer du mensuel, que ce soit pour la messe ou pour son oraison personnelle. « *"Prions"* en braille nourrit ma foi, est un soutien et un appui dans ma vie spirituelle », conclut-elle, pleine de gratitude. ■

Anne-Quitterie Jozeau

LE FONDS DE SOLIDARITÉ DE « PRIONS EN ÉGLISE »

Le Fonds de solidarité de *Prions en Église* aide à financer la transcription en braille assurée par l'APIDV **(Accompagner promouvoir et intégrer les déficients visuels)**, ex-GIAA. Si vous voulez soutenir ce projet, vous pouvez adresser **vos dons par chèque à l'ordre de Bayard à :** Prions en Église – Fonds de solidarité – Bayard – TSA 60007 – 59714 Lille Cedex 9 ou sur librairie-prions.com/solidarite

AdobeStock

Prier avec le Saint-Père

Intention universelle du mois de janvier 2023

Prions pour que
les éducateurs soient des témoins crédibles,
en enseignant la fraternité
plutôt que la compétition
et en aidant tout particulièrement
les jeunes les plus vulnérables.

Pour vous aider à prier :
www.prieraucoeurdumonde.net

SAINTS ET SAINTES DU MOIS DE JANVIER 2023

Xavier Lecœur, journaliste et historien

Chaque jour, l'Église fête plusieurs saints et bienheureux : ceux du calendrier romain, ceux des calendriers diocésains et ceux du calendrier des Églises orientales.
Tous les mois, Prions en Église *vous propose d'en découvrir quelques-uns.*

1er janvier
Sainte Marie Mère de Dieu

2 janvier
St Grégoire de Nazianze
(329-390)
Par la richesse de son œuvre théologique, il est l'un des Pères grecs les plus importants du IVe siècle. Son ami, saint Basile le Grand, est aussi fêté aujourd'hui.

3 janvier
Ste Geneviève
(vers 420-vers 502)
Cette vierge consacrée fut une vraie mère pour le peuple de Paris qu'elle sauva à deux reprises et dont elle est devenue la sainte patronne.

4 janvier
Ste Angèle de Foligno
(1248-1309)
« Le Sauveur du monde a posé la douceur et l'humilité à la base des vertus », rappelait cette mystique italienne qui, devenue veuve, entra dans le tiers ordre franciscain.

5 janvier
St Charles Houben
(1821-1893)
Prêtre passioniste d'origine néerlandaise. Il exerça son ministère essentiellement en Irlande, guidant son prochain par l'eucharistie, la prière et la confession. Canonisé en 2007.

6 janvier
St André Corsini
(1302-1373)
Issu d'une illustre famille de Florence, il entra chez les Carmes, puis devint évêque de Fiesole. Il vivait simplement, protégeant les pauvres et favorisant la paix.

7 janvier
St Raymond de Penyafort
(lire page 28)

8 janvier
Bse Eurosia Fabris
(1866-1932)
Femme pieuse, généreuse et travailleuse, cette laïque italienne se dévoua pour son mari, pour ses nombreux enfants et pour les pauvres de sa commune. Béatifiée en 2005.

9 janvier
Bse Pauline Jaricot
(1799-1862)
Peu après sa conversion à 17 ans, elle inventa l'œuvre de la Propagation de la Foi (pour le financement des missions), puis développa la chaîne de prière du Rosaire Vivant. Béatifiée le 22 mai 2022 à Lyon.

10 janvier
St Guillaume
(vers 1120-1209)
Archevêque de Bourges, il sut être ferme avec les puissants et doux avec les plus démunis.

11 janvier
Bx François Rogaczewski
(1892-1940)
Ce prêtre polonais, en ministère quelques années à Paris, fut arrêté puis fusillé dans un camp de concentration près de Gdansk (Pologne). Béatifié en 1999.

12 janvier
St Aelred
(1110-1167)
« Parlez, Seigneur, apprenez-moi à vous aimer, à vous aimer de tout mon cœur, de tout mon esprit » : ainsi priait Aelred, abbé de Rievaulx (Yorkshire, Angleterre) et auteur de plusieurs traités spirituels.

13 janvier
Ste Yvette
(1157-1228)
Ermite à Huy, près de Liège (Belgique), elle soigna les lépreux.

14 janvier
St Fulgence
(vers 566-vers 633)
Évêque d'Ecija (Andalousie). Avec ses deux frères Léandre et Isidore de Séville, et sa sœur Florentine, il est l'un des « quatre saints de Carthagène ».

15 janvier
St Arnold Janssen
(1837-1909)
Il y a vingt ans, le pape saint Jean-Paul II canonisait ce prêtre allemand, fondateur des congrégations missionnaires de la Société du Verbe Divin et des Servantes du Saint-Esprit, pour la proclamation de l'Évangile auprès des non-chrétiens.

16 janvier
Bx Louis Ormières
(1809-1890)
« Former de vrais disciples du Christ » en se faisant « petit avec les petits » : tel était l'objectif de ce prêtre de l'Aude, fondateur de la congrégation des Sœurs de l'Ange Gardien. Béatifié en 2017.

17 janvier
St Antoine le Grand
(vers 251-356)
Ermite égyptien qui, rejoint par des disciples, fut le premier à organiser la vie religieuse. D'où son titre de « Père des moines ».

18 janvier
St Volusien
(Ve siècle)
Évêque de Tours, il fut exilé par les Wisigoths dans la vallée de l'Ariège où il subit le martyre. Saint patron de la ville de Foix.

19 janvier
St Germanicus
(IIe siècle)
Disciple de saint Polycarpe, évêque de Smyrne (Turquie), qu'il précéda dans le martyre, jeté aux fauves.

20 janvier
Ste Marie-Christine Brando
(1856-1906)
Cette religieuse napolitaine fonda, en 1878, la congrégation des Sœurs victimes expiatrices de Jésus-Sacrement, vouées à l'enseignement et à l'adoration eucharistique en réparation des péchés de l'humanité. Canonisée en 2015.

21 janvier
Ste Agnès
(IVe siècle)
Cette jeune chrétienne de Rome n'avait que 12 ans lorsqu'elle souffrit son martyre, afin de préserver sa virginité de fiancée de Jésus Christ.

22 janvier
St Vincent Pallotti
(1795-1850)
Désireux d'être un « ouvrier infatigable » de l'Évangile, ce prêtre romain fonda la Société de l'Apostolat catholique, les Pallottins. Canonisé par saint Jean XXIII, il y a 60 ans.

23 janvier
Ste Émérentienne
(IVe siècle)
Cette jeune catéchumène romaine était venue prier sur la tombe de sainte Agnès, sa sœur de lait selon la légende. Elle y mourut lapidée.

24 janvier
St François de Sales
(1567-1622)
« L'humilité nous perfectionne envers Dieu, et la douceur envers le prochain », écrivait ce noble savoyard, évêque de Genève-Annecy et cofondateur de l'ordre des Visitandines. Docteur de l'Église.

25 janvier
Conversion de saint Paul

26 janvier
Ste Paule
(347-404)
Dans le sillage de saint Jérôme, elle renonça à sa vie luxueuse de patricienne romaine pour s'établir à Bethléem où elle fonda deux monastères.

27 janvier
Ste Angèle Mérici
(1474-1540)
« Faites toute chose avec patience et charité », conseillait la fondatrice de la Compagnie de Sainte-Ursule, un institut religieux à l'origine de la congrégation enseignante des Ursulines. Canonisée en 1807.

28 janvier
St Joseph Freinademetz
(1852-1908)
Il y a vingt ans, le pape saint Jean-Paul II canonisait ce missionnaire autrichien, membre de la Société du Verbe-Divin, qui exerça son apostolat en Chine pendant trois décennies.

29 janvier
St Gildas
(VIe siècle)
Ermite écossais venu en Bretagne, il établit un monastère dans la presqu'île de Rhuys, avant de se retirer sur l'île de Houat (Morbihan).

30 janvier
Bx Columba Marmion
(1858-1923)
Il y a tout juste un siècle, cet Irlandais, moine puis abbé de l'abbaye bénédictine de Maredsous (Belgique), y rendait l'âme à Dieu. Considéré comme un maître de vie spirituelle, il a été béatifié en 2000.

31 janvier
St Jean Bosco
(1815-1888)
« La prière est une camarade inséparable de la vie chrétienne », disait le fondateur des Salésiens et des Filles de Marie Auxiliatrice, dédiés à l'éducation de la jeunesse. Canonisé en 1934.

Prions avec les textes de la messe

DU 1ER AU 31 JANVIER 2023

Partagez vos intentions de prière

....

....

....

....

....

....

....

....

....

Envoyez vos intentions de prière à :
Prions en Église, Intentions de prière, 18 rue Barbès, 92128 Montrouge Cedex. **Elles seront portées par les pèlerins qui partiront vivre la Semaine sainte en Terre sainte, du 1er au 10 avril 2023.**

DIMANCHE 1ER JANVIER 2023

SAINTE MARIE MÈRE DE DIEU

ANNÉE A – COULEUR LITURGIQUE : BLANC

« Marie retenait tous ces événements et les méditait dans son cœur. » Luc 2, 19

L'année nouvelle s'ouvre ce dimanche par une grande bénédiction : heureux sommes-nous de chanter les merveilles de Dieu, heureux sommes-nous de pouvoir l'appeler « Père ». Huit jours après Noël, l'Enfant de la crèche nous révèle que nous sommes les enfants d'un même Père. Et c'est avec Marie, Mère de Dieu, Reine de la paix, que nous lui rendons grâce.

RITES INITIAUX

Chant d'entrée *(Suggestions p. 261)*
OU
Antienne d'ouverture
Nous te saluons, Mère très sainte :
tu as mis au monde le Roi qui gouverne le ciel et la terre
pour les siècles sans fin.
OU
Aujourd'hui, la lumière va resplendir sur nous,
car le Seigneur nous est né.
On l'appelle : Dieu admirable, Père-à-jamais, Prince-de-la-Paix.
Et son règne n'aura pas de fin.
(cf. Is 9, 1. 5 ; Lc 1, 33)

Suggestion de préparation pénitentielle *(ou p. 231)*
Frères et sœurs, préparons-nous à célébrer le mystère de l'eucharistie, en reconnaissant que nous avons péché.

Seigneur Jésus, Fils de Marie et Fils de Dieu, venu dans le monde pour apporter la paix, tu pardonnes nos péchés. Prends pitié de nous. — ***Prends pitié de nous.***
Ô Christ, mort et ressuscité pour racheter tous les hommes et faire d'eux les héritiers du Père, tu illumines nos cœurs. Prends pitié de nous. — ***Prends pitié de nous.***

Seigneur, Enfant de Bethléem, révélé aux plus petits pour offrir à chacun la gloire du Père, tu affermis notre espérance. Prends pitié de nous. ***— Prends pitié de nous.***

Que Dieu tout-puissant nous fasse miséricorde ; qu'il nous pardonne nos péchés et nous conduise à la vie éternelle.
— Amen.

Gloire à Dieu (p. 233)

Prière

Seigneur Dieu, par la virginité féconde de la bienheureuse Marie, tu as offert au genre humain les bienfaits du salut éternel ; accorde-nous d'éprouver qu'intercède en notre faveur celle qui nous permit d'accueillir l'auteur de la vie, Jésus Christ, ton Fils, notre Seigneur. Lui qui… ***— Amen.***

LITURGIE DE LA PAROLE

Lecture du livre des Nombres (6, 22-27)

« Ils invoqueront mon nom sur les fils d'Israël, et moi, je les bénirai »

Le Seigneur parla à Moïse. Il dit : « Parle à Aaron et à ses fils. Tu leur diras : Voici en quels termes vous bénirez les fils d'Israël : “Que le Seigneur te bénisse et te garde ! Que le Seigneur fasse briller sur toi son visage, qu'il te prenne en grâce ! Que le Seigneur

tourne vers toi son visage, qu'il t'apporte la paix !" Ils invoqueront ainsi mon nom sur les fils d'Israël, et moi, je les bénirai. »
– Parole du Seigneur.

Psaume 66 (67)

℟ ***Que Dieu nous prenne en grâce et qu'il nous bénisse !***

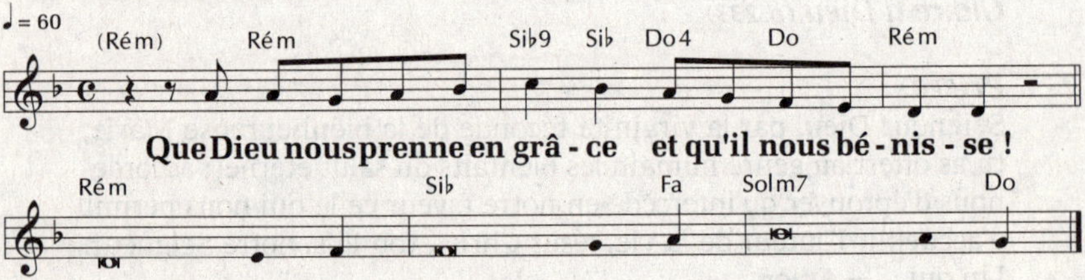

T. : AELF ; M. : G. Previdi ; Éd. : ADF.

Que son visage s'illumine pour nous ;
et ton chemin sera connu sur la terre,
ton salut, parmi toutes les nations. ℟

Que les nations chantent leur joie,
car tu gouvernes le monde avec justice ;
sur la terre, tu conduis les nations. ℟

Retrouvez ce psaume sur le CD "Les psaumes de l'année A"

La terre a donné son fruit ;
Dieu, notre Dieu, nous bénit.
Que la terre tout entière l'adore ! ℟

Lecture de la lettre de saint Paul apôtre aux Galates (4, 4-7)

« Dieu a envoyé son Fils,
né d'une femme »

Frères, lorsqu'est venue la plénitude des temps, Dieu a envoyé son Fils, né d'une femme et soumis à la loi de Moïse, afin de racheter ceux qui étaient soumis à la Loi et pour que nous soyons adoptés comme fils. Et voici la preuve que vous êtes des fils : Dieu a envoyé l'Esprit de son Fils dans nos cœurs, et cet Esprit crie « *Abba !* », c'est-à-dire : Père ! Ainsi tu n'es plus esclave, mais fils, et puisque tu es fils, tu es aussi héritier : c'est l'œuvre de Dieu.
– Parole du Seigneur.

Acclamation de l'Évangile

Alléluia. Alléluia. À bien des reprises, Dieu, dans le passé, a parlé à nos pères par les prophètes ; à la fin, en ces jours où nous sommes, il nous a parlé par son Fils. ***Alléluia.***

T. : AELF ; M. : P. Robert.

Évangile de Jésus Christ selon saint Luc (2, 16-21)

« Ils découvrirent Marie et Joseph, avec le nouveau-né. Quand fut arrivé le huitième jour, l'enfant reçut le nom de Jésus »

En ce temps-là, les bergers se hâtèrent d'aller à Bethléem, et ils découvrirent Marie et Joseph, avec le nouveau-né couché dans la mangeoire. Après avoir vu, ils racontèrent ce qui leur avait été annoncé au sujet de cet enfant. Et tous ceux qui entendirent s'étonnaient de ce que leur racontaient les bergers. Marie,

cependant, retenait tous ces événements et les méditait dans son cœur. Les bergers repartirent ; ils glorifiaient et louaient Dieu pour tout ce qu'ils avaient entendu et vu, selon ce qui leur avait été annoncé. Quand fut arrivé le huitième jour, celui de la circoncision, l'enfant reçut le nom de Jésus, le nom que l'ange lui avait donné avant sa conception.

Homélie

Profession de foi *(p. 234)*

Suggestion de prière universelle

Le prêtre :

Dieu a envoyé son Fils, né de Marie, pour sauver tous les hommes. Dans la joie de Noël, confions nos frères et sœurs à la bonté du Père.

℟ ***Par Jésus Christ ton serviteur, nous te prions, Seigneur.***

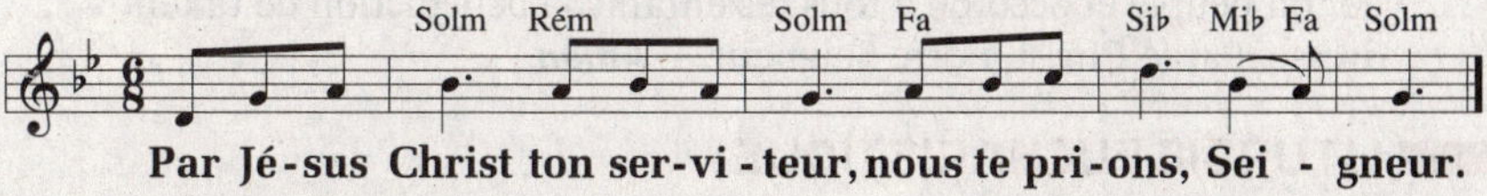

Bayard Liturgie; M. : M. Wackenheim.

Le diacre ou un lecteur :

L'Évangile est Bonne Nouvelle et nourriture offertes à tous. Pour que l'Église invite largement les hommes à connaître et à méditer la Parole, avec Marie, l'humble servante, prions. ℟

Marie et Joseph ont accueilli et éduqué l'Enfant Jésus. À l'invitation du pape François, pour que les éducateurs soient des témoins crédibles et des artisans de fraternité, avec Marie Mère de Dieu, prions. ℟

De nombreuses familles ont peu de ressources et ne peuvent dignement célébrer ces jours de fête. Pour que la sobriété de tous permette une meilleure répartition des richesses, avec Marie, Mère des pauvres, prions. ℟

Voici le moment où nous échangeons des vœux de paix et de bonheur. Pour que nos actes s'accordent à nos paroles et que nous osions le pardon et la paix, avec Marie, témoin de la joie, prions. ℟

(Ces intentions seront adaptées ou modifiées selon les circonstances.)

Le prêtre :

Dieu notre Père, toi qui aimes tous les hommes, entends la prière de ton peuple et accorde à tous tes enfants la bénédiction de ta tendresse. Par le Christ, notre Seigneur. ***— Amen***

LITURGIE EUCHARISTIQUE

Prière sur les offrandes

Seigneur Dieu, dans ta bonté, tu es à l'origine de tout bien, et tu le mènes à sa perfection ; puisque la solennité de la sainte Mère de Dieu nous fait célébrer dans l'allégresse les premiers temps de ta grâce, donne-nous la joie d'en recueillir tous les fruits. Par le Christ, notre Seigneur. ***— Amen.***

Prière eucharistique *(1re préface de la Vierge Marie)*
Vraiment, il est juste et bon, pour ta gloire et notre salut, de t'offrir notre action de grâce, toujours et en tout lieu, Seigneur, Père très saint, Dieu éternel et tout-puissant. En ce jour où nous célébrons la maternité de la bienheureuse Vierge Marie : nous voulons te chanter, te bénir et te glorifier. Car elle a conçu ton Fils unique lorsque le Saint-Esprit la couvrit de son ombre, et, gardant pour toujours la gloire de sa virginité, elle a donné au monde la lumière éternelle, Jésus, le Christ, notre Seigneur. Par lui, les anges célèbrent ta grandeur, et les esprits bienheureux adorent ta gloire ; par lui s'inclinent devant toi les puissances d'en haut et tressaillent d'une même allégresse les innombrables créatures des cieux. À leur hymne de louange, laisse-nous joindre nos voix pour chanter et proclamer : ***Saint ! Saint ! Saint…***

Chant de communion *(Suggestions p. 261)*
OU
Antienne de la communion
Jésus Christ, hier et aujourd'hui,
est le même,
il l'est pour l'éternité.
(He 13, 8)

Prière après la communion

Nous avons reçu dans la joie le sacrement du ciel, et nous te prions, Seigneur : qu'il fasse grandir en nous la vie éternelle en ce jour où nous proclamons avec fierté la bienheureuse Marie toujours vierge Mère de ton Fils et Mère de l'Église. Par le Christ, notre Seigneur. **– *Amen.***

RITE DE CONCLUSION

Bénédiction solennelle pour le commencement de l'année

Dieu est la source et l'origine de toute bénédiction : qu'il vous accorde sa grâce, qu'il répande sur vous sa bénédiction en abondance et vous maintienne en bonne santé tout au long de l'année.
– *Amen.*
Qu'il garde intacte votre foi, qu'il affermisse votre espérance, qu'il vous donne de persévérer jusqu'au bout dans une patiente charité.
– *Amen.*
Qu'il dispose en sa paix vos jours et vos actes, qu'il exauce vos prières ici et en tout lieu, et vous fasse heureusement parvenir à la vie éternelle. **– *Amen.***
Et que la bénédiction de Dieu tout-puissant, le Père, et le Fils, ✢ et le Saint-Esprit, descende sur vous et y demeure toujours.
– *Amen.*

Envoi

COMMENTAIRE DU DIMANCHE

Luc Forestier, prêtre de l'Oratoire

Jésus d'Israël

La formule de saint Paul « né d'une femme » peut nous surprendre ! Pourquoi ignorer le prénom de Marie ? Pourquoi ne pas dire un mot sur Joseph, l'homme qui a été l'éducateur de Jésus ? Pourquoi ne pas mentionner la circoncision de Jésus alors qu'elle manifeste son appartenance au peuple d'Israël ? Les choix de Paul s'expliquent sans doute par sa volonté de déployer la nouveauté chrétienne face à certaines tentations des chrétiens de Galatie. Si Jésus est pleinement juif, et le demeure, sa mort et sa résurrection ouvrent les temps nouveaux qui permettent aux païens d'entrer directement dans l'alliance avec Dieu.

Saint Luc fait un choix différent. Il est beaucoup plus explicite dans les récits de l'enfance. C'est le cas dans l'évangile d'aujourd'hui quand il montre la volonté des parents de Jésus de respecter •••

••• la loi d'Israël. La différence entre ces deux auteurs du Nouveau Testament ne nous surprend pas car il y a plusieurs manières d'articuler l'enracinement de l'Église dans le peuple d'Israël et son ouverture à toute l'humanité.
Dans l'Ancien Testament, nous sentons déjà une grande différence, selon les livres bibliques, dans la manière de comprendre les rapports entre le peuple juif et les nations. Le passage du livre des Nombres que nous écoutons ce dimanche montre un geste de bénédiction pour tout Israël. Mais voilà que notre baptême nous permet d'être associés, en Jésus Christ, à cette bénédiction portée aujourd'hui encore par le peuple d'Israël.

En cette Journée mondiale de prière pour la paix,
pour quelle situation précise puis-je prier,
en allant jusqu'à esquisser un geste de réconciliation ? ■

Prions en Église Junior

LIRE L'ÉVANGILE AVEC LES ENFANTS

CE QUE JE DÉCOUVRE

En général, un bébé est accueilli par sa famille. **Ici, ce sont les bergers qui entourent Jésus avec un cœur rempli de joie.** Ils rendent gloire à Dieu pour cette naissance, parce qu'ils savent que cet enfant n'est pas comme les autres : il est le Sauveur que le monde attend. Autour d'eux, les gens sont étonnés. Comment peut-on dire cela à propos d'un bébé ? Marie est la seule qui choisit le silence. **Elle garde la parole de Dieu dans son cœur, comme un trésor à méditer :** elle a compris que son fils est différent.

CE QUE JE VIS

Comment accueilles-tu la venue de Jésus ? Montres-tu ta joie, comme les bergers ? Ou préfères-tu le silence, comme Marie ? **Pense à la venue de Jésus : ferme les yeux et remercie Dieu d'être présent dans ta vie.**

Texte : Patricia Metzger. Illustrations : Marcelino Truong

MÉDITATION BIBLIQUE

SAINTE MARIE MÈRE DE DIEU

Évangile selon saint Luc 2, 16-21

Devenons héritiers

L'incarnation de Dieu porte ses fruits au moment où chacun se reconnaît comme héritier libre de la Création.

Le temps de la préparation

« Mais lorsqu'est venue la plénitude des temps, Dieu a envoyé son Fils, né d'une femme et soumis à la loi de Moïse, afin de racheter ceux qui étaient soumis à la Loi et pour que nous soyons adoptés comme fils. » (Ga 4, 4-5)

Le temps de l'observation

Selon la tradition juive, Jésus est circoncis huit jours après sa naissance. À cette occasion, la famille dévoile le nom donné au garçon. Ce détail de la vie de Jésus et de sa famille souligne que sa mission s'inscrit depuis l'origine dans l'alliance entre Dieu et le peuple juif. C'est la relation établie entre ce peuple et son Dieu qui donne un socle et un sens au salut que les chrétiens reconnaîtront en Jésus. C'est parce que ce peuple joue son existence dans cette Alliance que, après Jésus, il deviendra possible à des non-Juifs de se sentir appelés par une telle alliance. C'est l'observation faite par Paul : des personnes n'appartenant pas au peuple d'Israël se reconnaissent une filiation à Dieu. Ce constat reste encore aujourd'hui extraordinaire et inattendu. Grâce au peuple juif et, en son sein, par la médiation de Jésus, des païens se reconnaissaient comme fils et filles du Dieu unique.

Le temps de la méditation

Les origines juives de Jésus ont longtemps été un point sensible. Il reste même compliqué de penser l'ancrage singulier de la foi chrétienne dans ce petit peuple juif et la portée universelle du message. Pourtant, grâce à son alliance avec Dieu, le peuple d'Israël a rendu visible, envisageable, concevable, concrète une relation à Dieu qui ne l'était pas forcément. En voyant cette relation vécue dans ce peuple singulier, il devenait possible de comprendre qu'elle pouvait se jouer ailleurs. Avec Jésus, membre à part entière de ce peuple de l'Alliance, tout un chacun peut désormais s'autoriser à ne plus être esclave mais fils et fille, héritier et héritière de la création de Dieu. Le peuple juif joue encore le rôle de témoin particulier. Il rend concrète une relation à un Dieu qui s'incarne et qui parle. Tous les chrétiens devraient pouvoir mesurer combien ils ont là un partenaire indispensable à la Révélation de Dieu.

Le temps de la prière

**« Que Dieu nous prenne
en grâce et nous bénisse,
que son visage s'illumine pour
nous ; et ton chemin sera connu
sur la terre, ton salut, parmi
toutes les nations. » (Ps 66, 2-3)** ■

Marie-Laure Durand, bibliste

LE SAINT DU MOIS

7 JANVIER : SAINT RAYMOND DE PENYAFORT (VERS 1175-1275)

Justice et miséricorde

« La sainteté est toujours originale [...]. Elle est unique et non reproductible », rappelait le pape François le 15 mai 2022, en canonisant Charles de Foucauld et neuf autres bienheureux. La vie de saint Raymond de Penyafort est une bonne illustration de l'affirmation papale. Alors que de nombreux saints dans l'histoire – tels saint François de Sales, saint Fidèle de Sigmaringen ou saint Alphonse de Liguori – renoncèrent à la pratique du droit pour suivre le Seigneur, le Catalan Raymond de Penyafort fit un choix différent : ce docteur en droit civil et en droit canonique de la prestigieuse université de Bologne (Italie) eut à cœur de mettre ses grandes connaissances juridiques au service de l'Église. En 1230, par exemple, il commença à élaborer, à la demande du pape Grégoire IX, une compilation des décrets pontificaux. Ces *Décrétales*, approuvées en 1234, restèrent l'une des bases du droit ecclésiastique jusqu'à la promulgation du premier code de droit canonique... en 1917 ! Celui qui était entré chez les Frères prêcheurs en 1222, après des rencontres marquantes avec saint Dominique et le bienheureux Réginald, en devint le maître général en 1238. Il en profita bien sûr pour compléter les Constitutions de cet ordre encore jeune. Juriste émérite, saint Raymond de Penyafort était en même temps soucieux de miséricorde.

On lui attribue ainsi la rédaction de la règle de l'ordre de Notre-Dame-de-la-Merci, voué au rachat des chrétiens captifs des Sarrasins. Désireux d'aider les pécheurs à se libérer du mal, il encouragea la confession et rédigea une *Somme des cas pénitentiaux*, très prisée des confesseurs et des moralistes. Il fut aussi un prédicateur fervent, cherchant à montrer à tous le chemin du salut, qu'ils soient chrétiens, juifs ou musulmans. Cet homme brillant et humble (il refusa le poste d'archevêque de Tarragone) mourut, quasi centenaire, à Barcelone et fut proclamé saint en 1601. ■

Xavier Lecœur, journaliste et historien

© Gaëtan Évrard

UN SAINT POUR AUJOURD'HUI

Saint Raymond de Penyafort eut une existence conforme à l'étymologie de son prénom : « Celui qui protège par ses conseils. » Il nous rappelle que le conseil, associé à l'exemple, est une manière précieuse, généreuse, d'aider et d'éclairer son prochain.

LUNDI 2 JANVIER 2023

TEMPS DE NOËL COULEUR LITURGIQUE : BLANC

Saint Basile le Grand et saint Grégoire de Nazianze

IVe siècle. Deux amis, deux évêques et deux des plus grands auteurs chrétiens des premiers temps : Basile fut le chantre de l'Esprit Saint, Grégoire celui de la Trinité.

Antienne d'ouverture

Les peuples raconteront la sagesse des saints, l'Église proclamera leurs louanges, et leur nom reste vivant pour toutes les générations.

(cf. Si 44, 15. 14)

Prière

Seigneur Dieu, tu as voulu illuminer ton Église par l'exemple et les enseignements des bienheureux évêques Basile et Grégoire ; accorde-nous de rechercher ta vérité dans l'humilité et de la mettre en œuvre fidèlement dans la charité. Par Jésus… ***— Amen.***

Lecture

de la première lettre de saint Jean (2, 22-28)

« Que demeure en vous ce que vous avez entendu depuis le commencement »

Bien-aimés, le menteur n'est-il pas celui qui refuse que Jésus soit le Christ ? Celui-là est l'anti-Christ : il refuse à la fois le Père et le Fils ; quiconque refuse le Fils n'a pas non plus le Père ; celui qui reconnaît le Fils a aussi le Père. Quant à vous, que demeure en vous ce que vous avez entendu depuis le commencement. Si ce que vous avez entendu depuis le commencement demeure en vous, vous aussi, vous demeurerez dans

le Fils et dans le Père. Et telle est la promesse que lui-même nous a faite : la vie éternelle. Je vous ai écrit cela à propos de ceux qui vous égarent. Quant à vous, l'onction que vous avez reçue de lui demeure en vous, et vous n'avez pas besoin d'enseignement. Cette onction vous enseigne toutes choses, elle qui est vérité et non pas mensonge ; et, selon ce qu'elle vous a enseigné, vous demeurez en lui. Et maintenant, petits enfants, demeurez en lui ; ainsi, quand il se manifestera, nous aurons de l'assurance, et non pas la honte d'être loin de lui à son avènement. – Parole du Seigneur.

Psaume 97 (98)

℟ ***La terre tout entière a vu le salut de notre Dieu.***

Chantez au Seigneur un chant nouveau,
car il a fait des merveilles ;
par son bras très saint, par sa main puissante,
il s'est assuré la victoire. ℟

Le Seigneur a fait connaître sa victoire
et révélé sa justice aux nations ;
il s'est rappelé sa fidélité, son amour,
en faveur de la maison d'Israël. ℟

La terre tout entière a vu
la victoire de notre Dieu.
Acclamez le Seigneur, terre entière,
sonnez, chantez, jouez ! ℟

Acclamation de l'Évangile

Alléluia. Alléluia. À bien des reprises, Dieu, dans le passé, a parlé à nos pères par les prophètes ; à la fin, en ces jours où nous sommes, il nous a parlé par son Fils. ***Alléluia.***

Évangile de Jésus Christ

selon saint Jean (1, 19-28)

« C'est lui qui vient derrière moi »

Voici le témoignage de Jean le Baptiste, quand les Juifs lui envoyèrent de Jérusalem des prêtres et des lévites pour lui demander : « Qui es-tu ? » Il ne refusa pas de répondre, il déclara ouvertement : « Je ne suis pas le Christ. » Ils lui demandèrent : « Alors qu'en est-il ? Es-tu le prophète Élie ? » Il répondit : « Je ne le suis pas. – Es-tu le Prophète annoncé ? » Il répondit : « Non. » Alors ils lui dirent : « Qui es-tu ? Il faut que nous donnions une réponse à ceux qui nous ont envoyés. Que dis-tu sur toi-même ? » Il répondit : « *Je suis la voix de celui qui crie dans le désert : Redressez le chemin du Seigneur,* comme a dit le prophète Isaïe. » Or, ils avaient été envoyés de la part des pharisiens. Ils lui posèrent encore cette question : « Pourquoi donc baptises-tu, si tu n'es ni le Christ, ni Élie, ni le Prophète ? » Jean leur répondit : « Moi, je baptise dans l'eau. Mais au milieu de vous se tient celui que vous ne connaissez pas ; c'est lui qui vient derrière moi, et je ne suis pas digne de délier la courroie de sa sandale. » Cela s'est passé à Béthanie, de l'autre côté du Jourdain, à l'endroit où Jean baptisait.

Prière sur les offrandes

Accueille, Seigneur, le sacrifice de ton peuple en l'honneur des bienheureux Basile et Grégoire ; nous l'offrons pour te glorifier : qu'il contribue à notre salut éternel. Par le Christ, notre Seigneur. ***— Amen.***

Préface de la Nativité, p. 237.

Antienne de la communion
Nous proclamons le Christ crucifié,
le Christ, puissance de Dieu
et sagesse de Dieu. (cf. 1 Co 1, 23-24)

Prière après la communion
Par cette communion à la table du ciel, Dieu tout-puissant, raffermis et augmente les forces d'en haut en tous ceux qui célèbrent la fête des bienheureux Basile et Grégoire ; aide-nous à garder dans son intégrité le don de la foi, et à marcher sur le chemin du salut qui nous est proposé. Par le Christ, notre Seigneur.
— *Amen.*

INVITATION

Bonne année, bonne santé ! Je peux confier à Marie mes vœux pour mes proches, en priant le chapelet de Lourdes (en direct à 15 h 30 sur le site du sanctuaire ou sur les radios chrétiennes).

COMMENTAIRE

En vérité Jean 1, 19-28

Le Baptiste nous indique un chemin que le Christ lui-même a suivi : ne pas nous attribuer ce qui ne nous appartient pas. Jean est une voix, il n'est pas la Parole. Il est homme et n'est pas Dieu. Jésus, quant à lui, est le Fils. Il n'est pas le Père mais son Envoyé et reçoit tout de lui (cf. Jn 5, 19-30). Cette vérité concernant son identité et sa mission propre n'est-elle pas le fondement de toute vie chrétienne appelée à croître ? Car la vérité nous rend libres (cf. Jn 8, 32) : de nous-mêmes, du regard des autres… ■

***Emmanuelle Billoteau**, ermite*

MARDI 3 JANVIER 2023

TEMPS DE NOËL COULEUR LITURGIQUE : BLANC

Férie du temps de Noël avant l'Épiphanie
ou **Saint Nom de Jésus** *ou* **sainte Geneviève**

Antienne d'ouverture
Béni soit celui qui vient
au nom du Seigneur :
le Seigneur est Dieu,
et il nous illumine. (cf. Ps 117, 26-27)

Prière
Seigneur Dieu, tu as voulu que ton Fils, par sa bienheureuse naissance de la Vierge sainte, ne soit pas soumis dans sa chair à la condamnation qui pesait sur le genre humain ; accorde-nous d'échapper à la dégradation des péchés, puisque nous avons part à la nouvelle création. Par Jésus… ***— Amen.***

Lecture

de la première lettre de saint Jean (2, 29 – 3, 6)

« Quiconque demeure en lui ne pèche pas »

Bien-aimés, puisque vous savez que lui, Jésus, est juste, reconnaissez que celui qui pratique la justice est, lui aussi, né de Dieu. Voyez quel grand amour nous a donné le Père pour que nous soyons appelés enfants de Dieu – et nous le sommes. Voici pourquoi le monde ne nous connaît pas : c'est qu'il n'a pas connu Dieu. Bien-aimés, dès maintenant,

nous sommes enfants de Dieu, mais ce que nous serons n'a pas encore été manifesté. Nous le savons : quand cela sera manifesté, nous lui serons semblables car nous le verrons tel qu'il est. Et quiconque met en lui une telle espérance se rend pur comme lui-même est pur. Qui commet le péché transgresse la loi ; car le péché, c'est la transgression. Or, vous savez que lui, Jésus, s'est manifesté pour enlever les péchés, et qu'il n'y a pas de péché en lui. Quiconque demeure en lui ne pèche pas ; quiconque pèche ne l'a pas vu et ne le connaît pas.
– Parole du Seigneur.

Psaume 97 (98)

℟ ***La terre tout entière a vu le salut de notre Dieu.***

Chantez au Seigneur un chant nouveau,
car il a fait des merveilles ;
par son bras très saint,
par sa main puissante,
il s'est assuré la victoire. ℟

La terre tout entière a vu
la victoire de notre Dieu.
Acclamez le Seigneur, terre entière,
sonnez, chantez, jouez ! ℟

Jouez pour le Seigneur sur la cithare,
sur la cithare et tous les instruments ;
au son de la trompette et du cor,
acclamez votre roi, le Seigneur ! ℟

Acclamation de l'Évangile

Alléluia. Alléluia. Le Verbe s'est fait chair, il a établi parmi nous sa demeure. À tous ceux qui l'ont reçu, il a donné de pouvoir devenir enfants de Dieu. ***Alléluia.***

Évangile de Jésus Christ

selon saint Jean (1, 29-34)

« Voici l'Agneau de Dieu, qui enlève le péché du monde »

Le lendemain, voyant Jésus venir vers lui, Jean le Baptiste déclara : « Voici l'Agneau de Dieu, qui enlève le péché du monde ; c'est de lui que j'ai dit : L'homme qui vient derrière moi est passé devant moi, car avant moi il était. Et moi, je ne le connaissais pas ; mais, si je suis venu baptiser dans l'eau, c'est pour qu'il soit manifesté à Israël. » Alors Jean rendit ce témoignage : « J'ai vu l'Esprit descendre du ciel comme une colombe et il demeura sur lui. Et moi, je ne le connaissais pas, mais celui qui m'a envoyé baptiser dans l'eau m'a dit : "Celui sur qui tu verras l'Esprit descendre et demeurer, celui-là baptise dans l'Esprit Saint." Moi, j'ai vu, et je rends témoignage : c'est lui le Fils de Dieu. »

Prière sur les offrandes

Reçois favorablement, Seigneur, les dons présentés par ton peuple : que tous obtiennent par tes sacrements ce qu'ils proclament dans la ferveur de la foi. Par le Christ, notre Seigneur. — ***Amen.***

Préface de la Nativité, p. 237.

Antienne de la communion
À cause du grand amour
dont il nous a aimés,
Dieu a envoyé son propre Fils
dans une condition charnelle
semblable à celle des pécheurs.
(Ep 2, 4 ; Rm 8, 3)

Prière après la communion
Seigneur Dieu, toi qui viens jusqu'à nous quand nous participons à ce sacrement, produis en nos cœurs les fruits de ce mystère, pour que tes propres dons nous préparent à recevoir ce que tu nous donnes. Par le Christ, notre Seigneur. ***— Amen.***

INVITATION

En ce jour de reprise de l'école, je m'associe à la prière du pape pour les éducateurs et les enfants, notamment les plus vulnérables (voir p. 6).

COMMENTAIRE

L'homme qui regarde Jean 1, 29-34

Jean Baptiste est ici l'homme qui regarde et voit sous les apparences de l'homme Jésus, celui qui était avant lui : le Verbe qui est Dieu (cf. Jn 1, 1), l'Élu, « l'Agneau de Dieu qui enlève le péché du monde » – autrement dit, celui qui nous réconcilie avec le Père, nous rétablit dans son amitié, nous délivre de la culpabilité mortifère. « Car le Christ est mort pour tous, afin que les vivants n'aient plus leur vie centrée sur eux-mêmes, mais sur lui, qui est mort et ressuscité pour eux » (2 Co 5, 15). ■

***Emmanuelle Billoteau**, ermite*

MERCREDI 4 JANVIER 2023

TEMPS DE NOËL COULEUR LITURGIQUE : BLANC

Férie du temps de Noël avant l'Épiphanie

Antienne d'ouverture

Le peuple qui marchait dans les ténèbres
a vu se lever une grande lumière ;
et sur les habitants du pays de l'ombre de la mort
une lumière a resplendi. (Is 9, 1)

Prière

Dieu tout-puissant, nous t'en prions : puisque ton salut s'est manifesté pour la rédemption du monde par une lumière nouvelle dans les cieux, qu'il se lève en nos cœurs pour les renouveler toujours. Par Jésus… — ***Amen.***

Lecture

de la première lettre de saint Jean (3, 7-10)

« Quiconque est né de Dieu ne commet pas de péché »

Petits enfants, que nul ne vous égare : celui qui pratique la justice est juste comme lui, Jésus, est juste ; celui qui commet le péché est du diable, car, depuis le commencement, le diable est pécheur. C'est pour détruire les œuvres du diable que le Fils de Dieu s'est manifesté. Quiconque est né de Dieu ne commet pas de péché, car ce qui a été semé par Dieu demeure en lui : il ne peut donc pas pécher, puisqu'il est né de

Dieu. Voici comment se manifestent les enfants de Dieu et les enfants du diable : quiconque ne pratique pas la justice n'est pas de Dieu, et pas davantage celui qui n'aime pas son frère. – Parole du Seigneur.

Psaume 97 (98)

℟ ***La terre tout entière a vu le salut de notre Dieu.***

Chantez au Seigneur un chant nouveau,
car il a fait des merveilles ;
par son bras très saint, par sa main puissante,
il s'est assuré la victoire. ℟

Que résonnent la mer et sa richesse,
le monde et tous ses habitants ;
que les fleuves battent des mains,
que les montagnes chantent leur joie. ℟

Acclamez le Seigneur, car il vient
pour gouverner la terre,
pour gouverner le monde avec justice
et les peuples avec droiture ! ℟

Acclamation de l'Évangile

Alléluia. Alléluia. À bien des reprises, Dieu, dans le passé, a parlé à nos pères par les prophètes ; à la fin, en ces jours où nous sommes, il nous a parlé par son Fils. ***Alléluia.***

Évangile de Jésus Christ
selon saint Jean (1, 35-42)

« Nous avons trouvé le Messie »

En ce temps-là, Jean le Baptiste se trouvait avec deux de ses disciples. Posant son regard sur Jésus qui allait et venait, il dit : « Voici l'Agneau de Dieu. » Les deux disciples entendirent ce qu'il disait, et ils suivirent Jésus. Se retournant, Jésus vit qu'ils le suivaient, et leur dit : « Que cherchez-vous ? » Ils lui répondirent : « Rabbi – ce qui veut dire : Maître –, où demeures-tu ? » Il leur dit : « Venez, et vous verrez. » Ils allèrent donc, ils virent où il demeurait, et ils restèrent auprès de lui ce jour-là. C'était vers la dixième heure (environ quatre heures de l'après-midi).

André, le frère de Simon-Pierre, était l'un des deux disciples qui avaient entendu la parole de Jean et qui avaient suivi Jésus. Il trouve d'abord Simon, son propre frère, et lui dit : « Nous avons trouvé le Messie » – ce qui veut dire : Christ. André amena son frère à Jésus. Jésus posa son regard sur lui et dit : « Tu es Simon, fils de Jean ; tu t'appelleras Kèphas » – ce qui veut dire : Pierre.

Prière sur les offrandes
Seigneur Dieu, source de la piété véritable et de la paix, nous t'en prions, accorde-nous d'honorer dignement ta gloire par cette offrande ; que, dans la participation fidèle aux saints mystères, nous prenions davantage conscience de notre unité. Par le Christ, notre Seigneur. ***— Amen.***

Préface de la Nativité, p. 237.

Antienne de la communion

La vie, qui était auprès du Père,
s'est manifestée et nous est apparue.
(1 Jn 1, 2)

Prière après la communion

Ton peuple, Seigneur, a besoin de multiples secours pour sa traversée d'ici-bas ; que ta tendresse lui accorde ceux de la vie présente comme ceux de la vie future : trouvant alors le réconfort nécessaire dans les choses qui passent, il recherchera les biens éternels avec plus de confiance. Par le Christ, notre Seigneur.
— Amen.

INVITATION

Le Fonds de solidarité de *Prions en Église* soutient entre autres l'édition en braille (lire p. 4). Je pourrais faire un don.

COMMENTAIRE

À demeure Jean 1, 35-42

Il s'agit non seulement de nous laisser mettre en route en étant à l'écoute, de chercher et suivre le Christ, mais encore de « demeurer » avec lui. Un thème qui se retrouve dans l'allégorie de la vigne dans l'évangile de Jean (Jn 15, 1-10), où « demeurer en lui » apparaît comme le gage d'une fécondité que nous sommes incapables de nous donner à nous-mêmes, comme le gage d'une prière exaucée. Demeurer dans le Christ et se laisser habiter par ses paroles, c'est être uni à lui comme il l'est lui-même à son Père. ■

Emmanuelle Billoteau, ermite

JEUDI 5 JANVIER 2023

TEMPS DE NOËL COULEUR LITURGIQUE : BLANC

Férie du temps de Noël avant l'Épiphanie

Antienne d'ouverture

Au commencement et avant le temps, le Verbe était Dieu : lui-même a daigné naître dans le temps des hommes comme Sauveur du monde. (cf. Jn 1, 1)

Prière

Seigneur Dieu, tu as merveilleusement inauguré la rédemption de ton peuple par la naissance de ton Fils unique ; accorde à tes serviteurs une foi solide pour qu'ils se laissent conduire par lui, et parviennent ainsi à la gloire que tu leur promets. Par Jésus… ***— Amen.***

Lecture

de la première lettre de saint Jean (3, 11-21)

« Nous sommes passés de la mort à la vie, parce que nous aimons nos frères »

Bien-aimés, tel est le message que vous avez entendu depuis le commencement : aimons-nous les uns les autres. Ne soyons pas comme Caïn : il appartenait au Mauvais et il égorgea son frère. Et pourquoi l'a-t-il égorgé ? Parce que ses œuvres étaient mauvaises : au contraire, celles de son frère étaient justes. Ne soyez pas étonnés, frères, si le monde a de la haine contre vous. Nous, nous savons que nous sommes passés de la mort

à la vie, parce que nous aimons nos frères. Celui qui n'aime pas demeure dans la mort. Quiconque a de la haine contre son frère est un meurtrier, et vous savez que pas un meurtrier n'a la vie éternelle demeurant en lui. Voici comment nous avons reconnu l'amour : lui, Jésus, a donné sa vie* pour nous. Nous aussi, nous devons donner notre vie pour nos frères.
Celui qui a de quoi vivre en ce monde, s'il voit son frère dans le besoin sans faire preuve de compassion, comment l'amour de Dieu pourrait-il demeurer en lui ? Petits enfants, n'aimons pas en paroles ni par des discours, mais par des actes et en vérité. Voilà comment nous reconnaîtrons que nous appartenons à la vérité, et devant Dieu nous apaiserons notre cœur ; car si notre cœur nous accuse, Dieu est plus grand que notre cœur, et il connaît toutes choses.
Bien-aimés, si notre cœur ne nous accuse pas, nous avons de l'assurance devant Dieu. – Parole du Seigneur.

Psaume 99 (100)

℟ ***Acclamez le Seigneur, terre entière !***

Acclamez le Seigne**u**r, terre entière,
servez le Seigne**u**r dans l'allégresse,
venez à lui avec des ch**a**nts de joie ! ℟

Reconnaissez que le Seigne**u**r est Dieu :
il nous a faits, et nous s**o**mmes à lui,
nous, son pe**u**ple, son troupeau. ℟

Venez dans sa mais**o**n lui rendre grâce,
dans sa demeure chant**e**r ses louanges ;
rendez-lui grâce et bénis**se**z son nom ! ℟

Oui, le Seigne**u**r est bon,
étern**e**l est son amour,
sa fidélité deme**u**re d'âge en âge. ℟

Acclamation de l'Évangile

Alléluia. Alléluia. Aujourd'hui la lumière a brillé sur la terre. Peuples de l'univers, entrez dans la clarté de Dieu. Venez tous adorer le Seigneur ! ***Alléluia.***

Évangile de Jésus Christ

selon saint Jean (1, 43-51)

« C'est toi le Fils de Dieu ! C'est toi le roi d'Israël ! »

En ce temps-là, Jésus décida de partir pour la Galilée. Il trouve Philippe, et lui dit : « Suis-moi. » Philippe était de Bethsaïde, le village d'André et de Pierre. Philippe trouve Nathanaël et lui dit : « Celui dont il est écrit dans la loi de Moïse et chez les Prophètes, nous l'avons trouvé : c'est Jésus fils de Joseph, de Nazareth. » Nathanaël répliqua : « De Nazareth peut-il sortir quelque chose de bon ? » Philippe répond : « Viens, et vois. »

Lorsque Jésus voit Nathanaël venir à lui, il déclare à son sujet : « Voici vraiment un Israélite : il n'y a pas de ruse en lui. » Nathanaël lui demande : « D'où me connais-tu ? » Jésus lui répond : « Avant que Philippe t'appelle, quand tu étais sous le figuier, je t'ai vu. » Nathanaël lui dit : « Rabbi, c'est toi le Fils de Dieu ! C'est toi le roi d'Israël ! » Jésus reprend : « Je te dis que je t'ai vu sous le figuier, et c'est pour cela que tu crois ! Tu verras des choses plus grandes encore. » Et il ajoute : « Amen, amen, je vous le dis : vous verrez le ciel ouvert, et les anges de Dieu monter et descendre au-dessus du Fils de l'homme. »

Prière sur les offrandes

Accueille, Seigneur, ce que nous présentons pour cette eucharistie où s'accomplit un admirable échange : en offrant ce que tu nous as donné, puissions-nous te recevoir toi-même. Par le Christ, notre Seigneur. **— *Amen.***

Préface de la Nativité, p. 237.

Antienne de la communion

Dieu a tellement aimé le monde
qu'il a donné son Fils unique,
afin que quiconque croit en lui
ne se perde pas,
mais obtienne la vie éternelle.
(Jn 3, 16)

Prière après la communion

Dieu tout-puissant, nous t'en prions : fais que la force de tes saints mystères soutienne constamment notre vie. Par le Christ, notre Seigneur.
— *Amen.*

INVITATION

Et si je proposais à une personne de mon entourage de fêter l'Épiphanie ensemble dimanche prochain ?

COMMENTAIRE

Diffusion de soi Jean 1, 43-51

L'évangile suggère qu'il y a urgence à faire partager la découverte du Christ. Le témoignage n'est pas matière à option. Voilà qui nous situe dans la droite ligne des psaumes de louange qui commencent par un invitatoire : « Louez Dieu avec moi pour ce qu'il est, pour ce qu'il fait, a fait et fera » (Ps 95-98...). La rencontre avec l'amour de Dieu, manifesté dans le Christ, est un talent qui ne peut être enfoui car appelé à fructifier. L'amour n'est-il pas, par nature, don de soi ? ■

***Emmanuelle Billoteau**, ermite*

✲ CLÉ DE LECTURE

« A donné sa vie » 1 Jean 3, 16 *(p. 43)*

Le français est pauvre en vocabulaire de la vie : il n'a qu'une racine, là où le grec en a trois, soulignant les réalités diverses, parfois opposées, que prend la vie. Jésus, littéralement, « a déposé son souffle » (« psukhè ») pour ses amis, une expression que l'évangile de Jean met en parallèle avec le « dépôt des vêtements » pour laver les pieds de ses disciples. Donner pour servir, jusqu'au dernier souffle vital, se donner dans un mouvement d'accueil de l'autre. Ce don doit d'abord, pour le chrétien, passer par le don des vivres (« bios »), par la compassion et l'aide au plus démuni, sans quoi il n'y a pas de vie chrétienne. Agir ainsi à la suite du Christ, c'est déjà participer à la vraie vie (« zoè »), dite éternelle, car la mort n'a plus de prise sur elle. ■

***Roselyne Dupont-Roc**, bibliste*

VENDREDI 6 JANVIER 2023

TEMPS DE NOËL COULEUR LITURGIQUE : BLANC

Férie du temps de Noël avant l'Épiphanie

Antienne d'ouverture

Lumière des cœurs droits, il s'est levé dans les ténèbres, le Seigneur de justice, de tendresse et de pitié. (cf. Ps 111, 4)

Prière

Dans ta bonté, Seigneur, sois la lumière de tes fidèles ; éclaire toujours leurs cœurs par la splendeur de ta gloire, pour qu'ils ne cessent de reconnaître leur Sauveur et s'attachent à lui en toute vérité. Lui qui… — ***Amen.***

Lecture

de la première lettre de saint Jean (5, 5-13)

« L'Esprit, l'eau et le sang »

Bien-aimés, qui donc est vainqueur du monde ? N'est-ce pas celui qui croit que Jésus est le Fils de Dieu ? C'est lui, Jésus Christ, qui est venu par l'eau et par le sang : non pas seulement avec l'eau, mais avec l'eau et avec le sang. Et celui qui rend témoignage, c'est l'Esprit, car l'Esprit est la vérité. En effet, ils sont trois qui rendent témoignage, l'Esprit, l'eau et le sang, et les trois n'en font qu'un. Nous acceptons bien le témoignage des hommes ; or, le témoignage de Dieu a plus de valeur, puisque le témoignage de Dieu, c'est

celui qu'il rend à son Fils. Celui qui met sa foi dans le Fils de Dieu possède en lui-même ce témoignage. Celui qui ne croit pas Dieu, celui-là fait de Dieu un menteur, puisqu'il n'a pas mis sa foi dans le témoignage que Dieu rend à son Fils. Et ce témoignage, le voici : Dieu nous a donné la vie éternelle, et cette vie est dans son Fils. Celui qui a le Fils possède la vie ; celui qui n'a pas le Fils de Dieu ne possède pas la vie. Je vous ai écrit cela pour que vous sachiez que vous avez la vie éternelle, vous qui mettez votre foi dans le nom du Fils de Dieu.

– Parole du Seigneur.

Psaume 147 (147B)

℟ ***Glorifie le Seigneur, Jérusalem ! Célèbre ton Dieu, ô Sion !***
OU ***Alléluia !***

Glorifie le Seigneur, Jérusalem !
Célèbre ton Dieu, ô Sion !
Il a consolidé les barres de tes portes,
dans tes murs il a béni tes enfants. ℟

Il fait régner la paix à tes frontières,
et d'un pain de froment te rassasie.
Il envoie sa parole sur la terre :
rapide, son verbe la parcourt. ℟

Il révèle sa parole à Jacob,
ses volontés et ses lois à Israël.
Pas un peuple qu'il ait ainsi traité ;
nul autre n'a connu ses volontés. ℟

Acclamation de l'Évangile

Alléluia. Alléluia. Le ciel s'est ouvert, la voix du Père a retenti : « Celui-ci est mon Fils bien-aimé : écoutez-le ! » ***Alléluia.***

Évangile de Jésus Christ

selon saint Marc (1, 7-11)

« Tu es mon Fils bien-aimé ; en toi, je trouve ma joie »

En ce temps-là, Jean le Baptiste proclamait : « Voici venir derrière moi celui qui est plus fort que moi ; je ne suis pas digne de m'abaisser pour défaire la courroie de ses sandales. Moi, je vous ai baptisés avec de l'eau ; lui vous baptisera dans l'Esprit Saint. » En ces jours-là, Jésus vint de Nazareth, ville de Galilée, et il fut baptisé par Jean dans le Jourdain. Et aussitôt, en remontant de l'eau, il vit les cieux se déchirer et l'Esprit descendre sur lui comme une colombe. Il y eut une voix venant des cieux : « Tu es mon Fils bien-aimé ; en toi, je trouve ma joie. »

On peut aussi lire Luc 3, 23-38.

Prière sur les offrandes

Reçois favorablement, Seigneur, les dons présentés par ton peuple : que tous obtiennent par tes sacrements ce qu'ils proclament dans la ferveur de la foi. Par le Christ, notre Seigneur. — ***Amen.***

Préface de la Nativité, p. 237.

Antienne de la communion

Voici comment l'amour de Dieu s'est manifesté parmi nous : Dieu a envoyé son Fils unique dans le monde pour que nous vivions par lui. (1 Jn 4, 9)

Prière après la communion
Seigneur Dieu, toi qui viens jusqu'à nous quand nous participons à ce sacrement, produis en nos cœurs les fruits de ce mystère, pour que tes propres dons nous préparent à recevoir ce que tu nous donnes. Par le Christ, notre Seigneur. — ***Amen.***

INVITATION
Quelle sera ma bénédiction aujourd'hui au moment de passer à table ?

COMMENTAIRE
Déchirement céleste Marc 1, 7-11

Pour les premiers chrétiens issus du judaïsme, voir le ciel se déchirer c'est comprendre que la prière formulée dans le livre d'Isaïe – « Ah ! Si tu déchirais les cieux, si tu descendais » (Is 63, 19) – a été exaucée. Pour Jésus, le baptême marque le début de sa vie publique. La présence du Père et de l'Esprit, signifiée par la voix venue du ciel et la colombe, exprime bien le fait que sa mission de salut engage le Dieu un et trine. Le Père ne laissera pas seul (cf. Jn 8, 29) son « Fils bien-aimé » en qui il trouve sa joie. ■

Emmanuelle Billoteau, *ermite*

SAMEDI 7 JANVIER 2023

TEMPS DE NOËL COULEUR LITURGIQUE : BLANC

Férie du temps de Noël avant l'Épiphanie
ou **saint Raymond de Penyafort** *(lire p. 28)*

Antienne d'ouverture

Dieu a envoyé son Fils, né d'une femme,
pour que nous soyons adoptés comme fils. (Ga 4, 4-5)

Prière

Dieu éternel et tout-puissant, par l'avènement de ton Fils unique, tu as bien voulu rayonner d'une lumière nouvelle ; puisque nous l'avons vu prendre un corps comme le nôtre, en devenant l'enfant de la Vierge, accorde-nous d'avoir part à la grâce dans son Royaume. Lui qui… ***— Amen.***

Lecture

de la première lettre de saint Jean (5, 14-21)

« Il nous écoute en toutes nos demandes »

Bien-aimés, voici l'assurance que nous avons auprès de Dieu : si nous faisons une demande selon sa volonté, il nous écoute. Et, puisque nous savons qu'il nous écoute en toutes nos demandes, nous savons aussi que nous obtenons ce que nous lui avons demandé. Si quelqu'un voit son frère commettre un péché qui n'entraîne pas la mort, il demandera, et Dieu lui donnera la vie, – cela vaut pour ceux dont le péché n'entraîne pas la mort. Il y a un péché qui entraîne la mort, ce n'est pas pour

celui-là que je dis de prier. Toute conduite injuste est péché, mais tout péché n'entraîne pas la mort. Nous le savons : ceux qui sont nés de Dieu ne commettent pas de péché ; le Fils engendré par Dieu les protège et le Mauvais ne peut pas les atteindre. Nous savons que nous sommes de Dieu, alors que le monde entier est au pouvoir du Mauvais. Nous savons aussi que le Fils de Dieu est venu nous donner l'intelligence pour que nous connaissions Celui qui est vrai ; et nous sommes en Celui qui est vrai, en son Fils Jésus Christ. C'est lui qui est le Dieu vrai, et la vie éternelle. Petits enfants, gardez-vous des idoles.
– Parole du Seigneur.

Psaume 149

℟ ***Le Seigneur aime son peuple !***
OU ***Alléluia !***

Chantez au Seigneur un chant nouveau,
louez-le dans l'assemblée de ses fidèles !
En Israël, joie pour son créateur ;
dans Sion, allégresse pour son Roi ! ℟

Dansez à la louange de son nom,
jouez pour lui, tambourins et cithares !
Car le Seigneur aime son peuple,
il donne aux humbles l'éclat de la victoire. ℟

Que les fidèles exultent, glorieux,
criant leur joie à l'heure du triomphe.
Qu'ils proclament les éloges de Dieu :
c'est la fierté de ses fidèles. ℟

Acclamation de l'Évangile

Alléluia. Alléluia. Un grand prophète s'est levé parmi nous, et Dieu a visité son peuple. ***Alléluia.***

Évangile de Jésus Christ

selon saint Jean (2, 1-11)

« Tel fut le commencement des signes que Jésus accomplit. C'était à Cana de Galilée »

En ce temps-là, il y eut un mariage à Cana de Galilée. La mère de Jésus était là. Jésus aussi avait été invité au mariage avec ses disciples. Or, on manqua de vin. La mère de Jésus lui dit : « Ils n'ont pas de vin. » Jésus lui répond : « Femme, que me veux-tu ?* Mon heure n'est pas encore venue. » Sa mère dit à ceux qui servaient : « Tout ce qu'il vous dira, faites-le. » Or, il y avait là six jarres de pierre pour les purifications rituelles des Juifs ; chacune contenait deux à trois mesures (c'est-à-dire environ cent litres). Jésus dit à ceux qui servaient : « Remplissez d'eau les jarres. » Et ils les remplirent jusqu'au bord. Il leur dit : « Maintenant, puisez, et portez-en au maître du repas. » Ils lui en portèrent. Et celui-ci goûta l'eau changée en vin. Il ne savait pas d'où venait ce vin, mais ceux qui servaient le savaient bien, eux qui avaient puisé l'eau. Alors le maître du repas appelle le marié et lui dit : « Tout le monde sert le bon vin en premier et, lorsque les gens ont bien bu, on apporte le moins bon. Mais toi, tu as gardé le bon vin jusqu'à maintenant. » Tel fut le commencement des signes que Jésus accomplit. C'était à Cana de Galilée. Il manifesta sa gloire, et ses disciples crurent en lui.

Prière sur les offrandes

Seigneur Dieu, source de la piété véritable et de la paix, nous t'en prions, accorde-nous d'honorer dignement ta gloire par cette offrande ; que, dans la participation fidèle aux saints mystères, nous prenions davantage conscience de notre unité. Par le Christ, notre Seigneur. **— Amen.**

Préface de la Nativité, p. 237.

Antienne de la communion

Tous, nous avons eu part
à la plénitude du Christ,
et reçu grâce après grâce.
(cf. Jn 1, 16)

Prière après la communion

Ton peuple, Seigneur, a besoin de multiples secours pour sa traversée d'ici-bas ; que ta tendresse lui accorde ceux de la vie présente comme ceux de la vie future : trouvant alors le réconfort nécessaire dans les choses qui passent, il recherchera les biens éternels avec plus de confiance. Par le Christ, notre Seigneur. **— Amen.**

INVITATION

Et si j'apportais à table aujourd'hui : ma meilleure recette (de galette) ? mon plus beau sourire ? mon écoute bienveillante ?

COMMENTAIRE

L'alliance des noces

Jean 2, 1-11

Tout nous parle de nouveauté dans le récit des noces de Cana. Le premier des signes de Jésus survient au terme d'une semaine inaugurale qui débute avec le témoignage de Jean (Jn 1, 19-28), une allusion au premier récit de la Création qui décline en sept jours l'œuvre de Dieu (Gn 1, 1 — 2, 4a). Autant dire qu'avec Jésus s'amorce une nouvelle création, sans oublier l'alliance nouvelle, comme le suggèrent le contexte de la noce et la nature du signe. Une alliance qui, à terme, ne peut laisser un goût de manque mais ouvre à la plénitude de la joie du salut offert en Jésus Christ. ■

Emmanuelle Billoteau, ermite

✲ CLÉ DE LECTURE

« Femme, que me veux-tu ? »

Jean 2, 4 *(p. 53)*

Littéralement l'expression « quoi à toi et à moi ? » est un sémitisme qui marque une distance, voire une forte réticence. Le projet de Jésus n'était pas celui dans lequel sa mère vient de l'engager. Le même écart est exprimé par le vocatif inhabituel « Femme » ! Jésus s'adresse ainsi à la Samaritaine, à Marie Madeleine au tombeau, et encore à sa mère au pied de la Croix. Chaque fois qu'il les appelle ainsi, Jésus creuse entre ces femmes et lui une distance rappelant qu'il dépend du Père et de lui seul. Et pourtant, elles font preuve d'une foi sans faille et le poussent en avant pour qu'il inaugure le monde nouveau, ici symbolisé par le vin des noces. Ainsi, la mère de Jésus l'enfante-t-elle à nouveau, et comme malgré lui, à la mission qui est la sienne. ■

Roselyne Dupont-Roc, bibliste

DIMANCHE 8 JANVIER 2023

ÉPIPHANIE DU SEIGNEUR

ANNÉE A – COULEUR LITURGIQUE : BLANC

« Quand ils virent l'étoile, ils se réjouirent d'une très grande joie. »

Matthieu 2, 10

Noël pour tous les hommes. L'Épiphanie manifeste l'amour universel du Père pour tous ses enfants de la terre. Accueillons et diffusons largement sa lumière pour qu'elle éclaire nos frères et sœurs. En communion avec l'Église universelle, adorons et louons le Dieu tout-puissant. Il se révèle à nous en se faisant petit enfant.

RITES INITIAUX

Chant d'entrée *(Suggestions p. 261)*
OU
Antienne d'ouverture
Voici venir le Seigneur souverain ; il tient en main la royauté, la puissance et l'empire. (cf. Ml 3, 1 ; 1 Ch 29, 12)

Suggestion de préparation pénitentielle *(ou p. 231)*
Frères et sœurs, préparons-nous à célébrer le mystère de l'eucharistie, en reconnaissant que nous avons péché.

Seigneur Jésus, joie du Père offerte à tous les hommes, tu dissipes nos ténèbres, prends pitié de nous.
— Prends pitié de nous.
Ô Christ, grâce du salut du monde en ta mort et ta résurrection, tu purifies nos cœurs, prends pitié de nous.
— Prends pitié de nous.
Seigneur, Roi d'humilité qui nous ouvre la gloire du ciel, tu nous fais renaître de ta vie, prends pitié de nous.
— Prends pitié de nous.

Que Dieu tout-puissant nous fasse miséricorde ; qu'il nous pardonne nos péchés et nous conduise à la vie éternelle. ***— Amen.***

Gloire à Dieu *(p. 233)*

Prière

Aujourd'hui, Seigneur Dieu, tu as révélé ton Fils unique aux nations, grâce à l'étoile qui les guidait ; accorde-nous dans ta bonté, à nous qui te connaissons déjà par la foi, d'être conduits jusqu'à la claire vision de ta splendeur. Par Jésus… — ***Amen.***

LITURGIE DE LA PAROLE

Lecture du livre du prophète Isaïe (60, 1-6)

« La gloire du Seigneur s'est levée sur toi »

Debout, Jérusalem, resplendis ! Elle est venue, ta lumière, et la gloire du Seigneur s'est levée sur toi. Voici que les ténèbres couvrent la terre, et la nuée obscure couvre les peuples. Mais sur toi se lève le Seigneur, sur toi sa gloire apparaît. Les nations marcheront vers ta lumière, et les rois, vers la clarté de ton aurore. Lève les yeux alentour, et regarde : tous, ils se rassemblent, ils viennent vers toi ; tes fils reviennent de loin, et tes filles sont portées sur la hanche. Alors tu verras, tu seras radieuse, ton cœur frémira et se dilatera. Les trésors d'au-delà des mers afflueront vers toi, vers toi viendront les richesses des nations. En grand nombre, des chameaux t'envahiront, de jeunes chameaux de Madiane et d'Épha. Tous les gens de Saba viendront, apportant l'or et l'encens ; ils annonceront les exploits du Seigneur.

– Parole du Seigneur.

Psaume 71 (72)

℟ ***Toutes les nations, Seigneur, se prosterneront devant toi.***

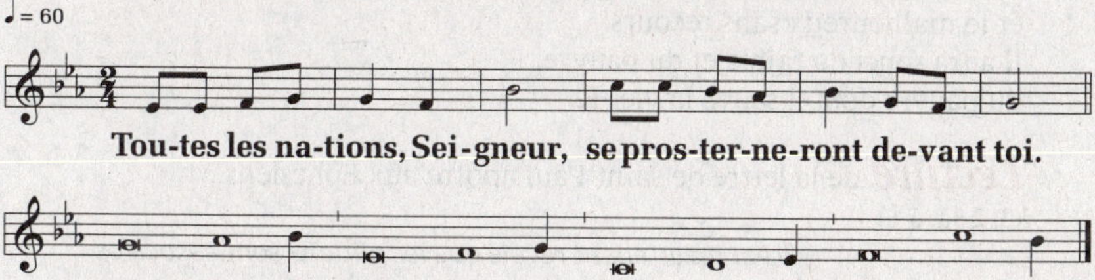

T. : AELF ; M. : T. Ospital ; Éd. : ADF.

Dieu, donne au roi tes pouvoirs,
à ce fils de roi ta justice.
Qu'il gouverne ton peuple avec justice,
qu'il fasse droit aux malheureux ! ℟

En ces jours-là, fleurira la justice,
grande paix jusqu'à la fin des lunes !
Qu'il domine de la mer à la mer,
et du Fleuve jusqu'au bout de la terre ! ℟

Les rois de Tarsis et des Îles apporteront des présents.
Les rois de Saba et de Seba feront leur offrande.
Tous les rois se prosterneront devant lui,
tous les pays le serviront. ℟

Retrouvez ce psaume sur le CD "Les psaumes de l'année A"

℟ ***Toutes les nations, Seigneur, se prosterneront devant toi.***

Il délivrera le pauvre qui appelle
et le malheureux sans recours.
Il aura souci du faible et du pauvre,
du pauvre dont il sauve la vie. ℟

Lecture de la lettre de saint Paul apôtre aux Éphésiens (3, 2-3a. 5-6)

« Il est maintenant révélé que les nations sont associées au même héritage, au partage de la même promesse »

Frères, vous avez appris, je pense, en quoi consiste la grâce que Dieu m'a donnée pour vous : par révélation, il m'a fait connaître le mystère. Ce mystère n'avait pas été porté à la connaissance des hommes des générations passées, comme il a été révélé maintenant à ses saints Apôtres et aux prophètes, dans l'Esprit. Ce mystère, c'est que toutes les nations sont associées au même héritage, au même corps, au partage de la même promesse, dans le Christ Jésus, par l'annonce de l'Évangile.

– Parole du Seigneur.

Acclamation de l'Évangile

Alléluia. Alléluia. Nous avons vu son étoile à l'orient, et nous sommes venus adorer le Seigneur. ***Alléluia.***

T. : AELF; M. : P. Robert.

Évangile de Jésus Christ selon saint Matthieu (2, 1-12)

Nous sommes venus d'Orient adorer le roi

Jésus était né à Bethléem en Judée, au temps du roi Hérode le Grand. Or, voici que des mages venus d'Orient arrivèrent à Jérusalem et demandèrent : « Où est le roi des Juifs qui vient de naître ? Nous avons vu son étoile à l'orient et nous sommes venus nous prosterner devant lui. » En apprenant cela, le roi Hérode fut bouleversé, et tout Jérusalem avec lui. Il réunit tous les grands

prêtres et les scribes du peuple, pour leur demander où devait naître le Christ. Ils lui répondirent : « À Bethléem en Judée, car voici ce qui est écrit par le prophète : *Et toi, Bethléem, terre de Juda, tu n'es certes pas le dernier parmi les chefs-lieux de Juda, car de toi sortira un chef, qui sera le berger de mon peuple Israël.* » Alors Hérode convoqua les mages en secret pour leur faire préciser à quelle date l'étoile était apparue ; puis il les envoya à Bethléem, en leur disant : « Allez vous renseigner avec précision sur l'enfant. Et quand vous l'aurez trouvé, venez me l'annoncer pour que j'aille, moi aussi, me prosterner devant lui. » Après avoir entendu le roi, ils partirent.
Et voici que l'étoile qu'ils avaient vue à l'orient les précédait, jusqu'à ce qu'elle vienne s'arrêter au-dessus de l'endroit où se trouvait l'enfant. Quand ils virent l'étoile, ils se réjouirent d'une très grande joie. Ils entrèrent dans la maison, ils virent l'enfant avec Marie sa mère ; et, tombant à ses pieds, ils se prosternèrent devant lui. Ils ouvrirent leurs coffrets, et lui offrirent leurs présents : de l'or, de l'encens et de la myrrhe.
Mais, avertis en songe de ne pas retourner chez Hérode, ils regagnèrent leur pays par un autre chemin.

Annonce de Pâques et des fêtes mobiles

Le jour de l'Épiphanie du Seigneur, après le chant de l'Évangile, le diacre ou un chantre peut proclamer depuis l'ambon, selon un usage ancien de l'Église, les fêtes mobiles de l'année en cours selon la formule suivante :

Vous le savez, frères et sœurs bien-aimés : à l'invitation de la miséricorde de Dieu, nous nous sommes réjouis de la Nativité de notre Seigneur Jésus Christ ; de même, nous vous annonçons la joie de la Résurrection de notre Sauveur. Le mercredi des Cendres, commencera l'entraînement du Carême le 22 février. Vous célébrerez dans la joie la sainte Pâque de notre Seigneur Jésus Christ le dimanche 9 avril. L'Ascension de notre Seigneur Jésus Christ sera fêtée le 18 mai. La Pentecôte sera fêtée le 28 mai. La fête du Corps et du Sang du Christ aura lieu le 11 juin. Le dimanche 3 décembre sera le premier dimanche de l'Avent de notre Seigneur Jésus Christ, à qui soient l'honneur et la gloire, pour les siècles des siècles.

— Amen.

Homélie

Profession de foi *(p. 234)*

Suggestion de prière universelle

Le prêtre :

Comme les mages de l'Évangile, heureux de rencontrer le Sauveur, confions tous les hommes à l'amour du nouveau-né.

℟ ***Avec Marie ta mère, nous te supplions.***

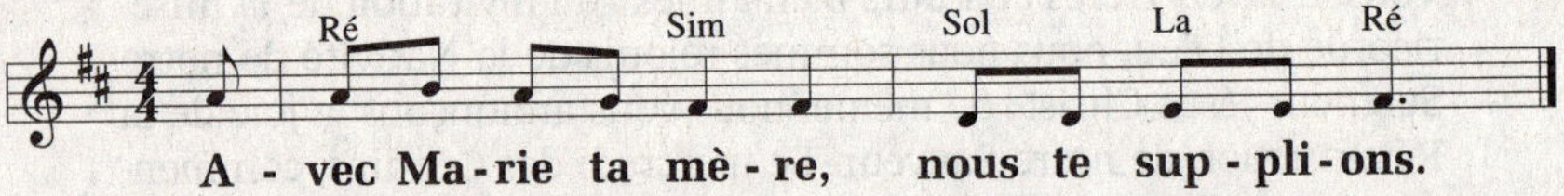

M. : M. Wackenheim ; Bayard Liturgie.

Le diacre ou un lecteur :

Avec l'Église universelle, Seigneur Jésus, nous te supplions : que les parents et les éducateurs guident les jeunes vers des choix de vie au service de la fraternité. Fils du Père, nous t'en prions. ℟

Avec l'or dont est riche notre humanité, Jésus Emmanuel, nous te supplions : que les dirigeants des nations veillent au juste partage des ressources. Roi de gloire, nous t'en prions. ℟

Avec l'encens du salut de tous les hommes, Jésus ressuscité, nous te supplions : que l'Évangile parvienne à la terre entière. Roi Sauveur, nous t'en prions. ℟

Avec la myrrhe de ton embaumement, Seigneur de justice, nous te supplions : que les malades, les familles éprouvées trouvent en toi une espérance nouvelle. Christ Jésus, nous t'en prions. ℟

(Ces intentions seront adaptées ou modifiées selon les circonstances.)

Le prêtre :

Seigneur Jésus, toi qui révèles à tous les hommes l'amour du Père, écoute les supplications de ton Église et daigne répondre à ses appels. Toi qui vis et règnes pour les siècles des siècles. ***— Amen.***

LITURGIE EUCHARISTIQUE

Prière sur les offrandes

Regarde avec bonté, nous t'en prions, Seigneur, les dons de ton Église qui ne t'offre plus ni l'or, ni l'encens, ni la myrrhe, mais celui que ces présents révélaient, qui s'immole et se donne en nourriture : Jésus, le Christ. Lui qui… ***— Amen.***

Prière eucharistique *(Préface de l'Épiphanie)*

Vraiment, il est juste et bon, pour ta gloire et notre salut, de t'offrir notre action de grâce, toujours et en tout lieu, Seigneur, Père très saint, Dieu éternel et tout-puissant. Aujourd'hui tu as dévoilé dans le Christ le mystère de notre salut pour que tous les peuples en soient illuminés ; et quand le Christ s'est manifesté dans notre nature mortelle, tu nous as renouvelés par la gloire de son immortalité. C'est pourquoi, avec les anges et les archanges, avec les puissances d'en haut et tous les esprits bienheureux, nous chantons l'hymne de ta gloire et sans fin nous proclamons : ***Saint ! Saint ! Saint…***

Chant de communion *(Suggestions p. 261)*

OU

Antienne de la communion

Nous avons vu son étoile à l'orient et nous sommes venus avec des présents adorer le Seigneur. (cf. Mt 2, 2)

Prière après la communion
Que la clarté d'en haut, nous t'en prions, Seigneur, nous devance toujours et partout, afin que nous puissions contempler d'un regard pur et accueillir dans un cœur aimant le mystère auquel tu as voulu nous faire participer. Par le Christ, notre Seigneur. **— *Amen.***

RITE DE CONCLUSION

Bénédiction solennelle
Dieu vous a appelés des ténèbres à son admirable lumière ; dans sa bonté, qu'il répande sur vous sa bénédiction, qu'il établisse vos cœurs dans la foi, l'espérance et la charité. **— *Amen.***
Aujourd'hui, le Christ, lumière qui luit dans les ténèbres, s'est manifesté au monde ; puisque vous le suivez avec confiance, qu'il vous donne d'être, vous aussi, lumière pour vos frères. **— *Amen.***
Quand vous serez au terme de votre pèlerinage, puissiez-vous rejoindre celui que les mages, conduits par l'étoile, ont cherché et trouvé avec grande joie : le Christ Seigneur, lumière née de la lumière. **— *Amen.***
Et que la bénédiction de Dieu tout-puissant, le Père, et le Fils, + et le Saint-Esprit, descende sur vous et y demeure toujours. **— *Amen.***

Envoi

COMMENTAIRE DU DIMANCHE

Karem Bustica, rédactrice en chef de *Prions en Église*

Et soudainement, Dieu apparaît

Le peuple auquel parle Isaïe est dans la nuit. Le retour à Jérusalem n'a rien d'éclatant. Les temps sont sombres et l'on est découragé. Au milieu des ténèbres, le prophète sait discerner les premiers rayons de l'aube, la proximité de l'aurore, le moment ou le jour naît. Le prophète Isaïe annonce la lumière de Dieu. Car Dieu va se manifester et fera resplendir sa gloire sur la Terre. « Lève les yeux alentour, et regarde, conseille le prophète, alors tu verras. »

Dans le passage de l'épître aux Éphésiens, Paul témoigne auprès des premières communautés d'un éclairage extraordinaire reçu de Dieu : son salut est universel, il s'adresse à tous les peuples, à toute la Création sans distinction. Cette révélation cachée par le passé est à présent dévoilée dans le Christ, la lumière de Dieu. C'est le message de l'évangélisation.

•••

••• Et nos mages dans tout ça ? Ces astrologues étrangers arrivés à Jérusalem observent, connaissent et comprennent le ciel. Ensemble, ils marchent les yeux levés vers l'étoile et l'oreille attentive aux traditions et prophéties d'une culture qui n'est pas la leur. Ils cherchent un roi, et ils trouvent un nouveau-né dans un abri improvisé par temps de recensement. Et c'est bien lui le roi, le prophète et le prêtre ! Est-ce parce que leur recherche est sincère ? que leur esprit scientifique reste ouvert ? qu'ils marchent en caravane, comptant les uns sur les autres ? qu'ils ne se contentent pas des apparences… que nos mages reconnaissent Dieu ? Et que Dieu se révèle comme il lui plaît !

Que m'inspire cet épisode de l'adoration des mages ?

Quel visage de Dieu ces lectures de la Bible
me font-elles découvrir ? ■

8 - 14

CE QUE JE DÉCOUVRE

Aujourd'hui, pour aller à l'autre bout du monde, on prend l'avion et, hop, on est déjà arrivé ! Au temps de Jésus, voyager est une grande aventure… **Les mages vont pourtant se mettre en route, à la recherche du roi qui vient de naître.** L'étoile les conduit dans une modeste crèche. **Là, devant Jésus, ils n'ont pas de doute : ce bébé est leur roi.** Une profonde joie remplit leurs cœurs devant la grandeur de ce tout-petit qui va changer le monde. **Alors, les mages se prosternent en signe de respect et de foi.**

CE QUE JE VIS

Quand tu retrouves un ami, as-tu le cœur en joie, comme les mages ?
Es-tu prêt à faire un long trajet pour aller voir cet ami ?
Comme les mages, prosterne-toi devant la crèche en disant le Gloire à Dieu (page 233).

Texte : Patricia Metzger. Illustrations : Marcelino Truong

MÉDITATION BIBLIQUE

ÉPIPHANIE DU SEIGNEUR

Livre d'Isaïe 60, 1-6

Quand Dieu nous restaure

Quand Dieu vient visiter son peuple, l'histoire s'éclaire. Au retour de l'Exil, Israël comprend qu'il est restauré dans sa mission de « lumière » des nations, que la promesse faite à Abraham est en train de se réaliser.

Le temps de la préparation

« Sur nous, Seigneur, que s'illumine ton visage ! » (Ps 4, 7)

Le temps de l'observation

Les versets de la première lecture appartiennent à la troisième partie du livre d'Isaïe (Is 56 – 66), qui correspond au retour de l'Exil à Babylone. Ils font état d'une expérience de salut après une période d'errance loin de la Terre promise – avec le ressenti qui s'est ensuivi, évoqué par : « Nous attendons la lumière, et voici les ténèbres. » (Is 59, 9) Le chapitre 60 du livre d'Isaïe marque donc un tournant, le temps de la détresse est révolu et la lumière advient car « rien n'est impossible à Dieu » (Lc 1, 37) : comme de faire lever sa gloire sur Jérusalem, autrement dit de donner à son peuple d'expérimenter sa lumineuse présence ; de ramener les captifs à Sion, la ville mère ; de faire affluer les richesses des nations qui désormais le louent. Cela étant, le don gratuit de Dieu appelle une réponse de la part de Jérusalem : « debout », « resplendis », « regarde », « lève les yeux ». Car il s'agit d'accueillir la nouveauté de Dieu.

Le temps de la méditation

Quelle est la volonté de Dieu sur nous, sinon que nous ouvrions les yeux à sa présence agissante, que nous devenions à notre tour lumière, que notre cœur se dilate aux dimensions de la terre entière ? À travers le prophète, le Seigneur nous enjoint de renoncer à l'inertie qui nous rive au sol, ou au repli qui rétrécit notre champ de vision. Il nous rappelle également que la lumière dont nous sommes appelés à briller ne vient pas de nous, mais de lui, dont la présence est d'abord intérieure : « Car Dieu, qui a dit : *Du milieu des ténèbres brillera la lumière,* a lui-même brillé dans nos cœurs pour faire resplendir la connaissance de sa gloire qui rayonne sur le visage du Christ » (2 Co 4, 6). Ainsi notre vocation première est-elle de nous laisser transformer « pour que ceux qui entrent voient la lumière » (Lc 11, 33). Ce qui nous donne à réfléchir sur notre mission, aussi éloignée de la démission que de l'agitation ou du paraître. De quoi nous réjouir également de ce que Dieu peut opérer en nous et autour nous.

Le temps de la prière

« Le Seigneur est ma lumière et mon salut, de qui aurais-je crainte ? » (Ps 26, 1) ■

Emmanuelle Billoteau, ermite

DES IMAGES POUR LA FOI

ÉPIPHANIE DU SEIGNEUR

L'hommage des rois

Une adoration des mages attribuée à Maître Franck, un peintre germanique de l'ordre dominicain comme Fra Angelico, son contemporain italien.

Une modeste cabane en bois, avec de simples parois en plessis (branchages tressés) et un toit de chaume, tient lieu d'abri pour Marie, Jésus et Joseph. L'artisan de Nazareth ne porte pas d'auréole car, au début du XVe siècle, la spiritualité comme la liturgie n'y attachent que peu d'importance. Le peintre l'a représenté près du coffre de bois ouvert, comme un simple intendant chargé de veiller à la subsistance de l'enfant et de sa mère. La modestie des lieux contraste autant avec les tenues raffinées des trois visiteurs qu'avec leurs précieuses offrandes. Plus que des mages venus d'Orient (Mt 2, 1), ce sont des grands de ce monde, des têtes couronnées, qui viennent se prosterner devant l'Enfant. L'un d'eux désigne, dans le ciel semé d'étoiles, l'astre qui les a guidés (l'étonnant nuage censé le mettre en valeur est sans doute un repeint tardif). Marie a le maintien et la dignité d'une reine. Si son visage est tourné vers nous, son regard reste intérieur. Le peintre s'est sans doute inspiré pour cela des récits de l'enfance dans l'évangile de Luc : « Marie, cependant, retenait tous ces événements et les méditait dans son cœur » (Lc 2, 19). ■

Dominique Pierre, journaliste

© Elke Walford / RMN-GP

Adoration des mages
Maître Franck (1424), panneau du retable de saint Thomas Becket, musée des Beaux-Arts de Hambourg (Allemagne).

LUNDI 9 JANVIER 2023

TEMPS DE NOËL COULEUR LITURGIQUE : BLANC

Baptême du Seigneur

Antienne d'ouverture

Dès que Jésus fut baptisé,
les cieux s'ouvrirent :
l'Esprit, comme une colombe, reposa sur lui.
Et la voix du Père retentit :
« Celui-ci est mon Fils bien-aimé
en qui je trouve ma joie. »
(cf. Mt 3, 16-17)

Gloire à Dieu *(p. 233)*

Prière

Dieu éternel et tout-puissant, quand le Christ fut baptisé dans le Jourdain, et que l'Esprit Saint descendit sur lui, tu l'as manifesté solennellement comme ton Fils bien-aimé ; accorde à tes enfants d'adoption, qui ont reçu la nouvelle naissance de l'eau et de l'Esprit, d'être toujours fidèles à ce qui te plaît. Par Jésus… ***— Amen.***

OU

Seigneur Dieu, c'est dans la réalité de notre chair que ton Fils unique est apparu ; puisqu'à son aspect extérieur, nous l'avons reconnu semblable à nous, fais que par lui nous soyons intérieurement transformés. Lui qui… ***— Amen.***

Lectures propres à la fête du Baptême du Seigneur.

Lecture

du livre du prophète Isaïe (42, 1-4. 6-7)

« Voici mon serviteur, qui a toute ma faveur »

Ainsi parle le Seigneur : « Voici mon serviteur que je soutiens, mon élu qui a toute ma faveur. J'ai fait reposer sur lui mon esprit ; aux nations, il proclamera le droit. Il ne criera pas, il ne haussera pas le ton*, il ne fera pas entendre sa voix au-dehors. Il ne brisera pas le roseau qui fléchit, il n'éteindra pas la mèche qui faiblit, il proclamera le droit en vérité. Il ne faiblira pas, il ne fléchira pas, jusqu'à ce qu'il établisse le droit sur la terre, et que les îles lointaines aspirent à recevoir ses lois.

« Moi, le Seigneur, je t'ai appelé selon la justice ; je te saisis par la main, je te façonne, je fais de toi l'alliance du peuple, la lumière des nations : tu ouvriras les yeux des aveugles, tu feras sortir les captifs de leur prison, et, de leur cachot, ceux qui habitent les ténèbres. »

– Parole du Seigneur.

Psaume 28 (29)

℟ ***Le Seigneur bénit son peuple en lui donnant la paix.***

Rendez au Seigneur, vous, les dieux,
rendez au Seigneur gloire et puissance.

Rendez au Seigneur la gloire de son nom,
adorez le Seigneur,
éblouissant de sainteté. ℟

La voix du Seigneur domine les eaux,
le Seigneur domine la masse des eaux.
Voix du Seigneur dans sa force,
voix du Seigneur qui éblouit. ℟

Le Dieu de la gloire déchaîne le tonnerre,
et tous dans son temple s'écrient : « Gloire ! »
Au déluge le Seigneur a siégé ;
il siège, le Seigneur,
il est roi pour toujours ! ℟

Lecture

du livre des Actes des Apôtres (10, 34-38)

« Dieu lui a donné l'onction d'Esprit Saint »

En ces jours-là, quand Pierre arriva à Césarée, chez un centurion de l'armée romaine, il prit la parole et dit : « En vérité, je le comprends, Dieu est impartial : il accueille, quelle que soit la nation, celui qui le craint et dont les œuvres sont justes. Telle est la parole qu'il a envoyée aux fils d'Israël, en leur annonçant la bonne nouvelle de la paix par Jésus Christ, lui qui est le Seigneur de tous. Vous savez ce qui s'est passé à travers tout le pays des Juifs, depuis les commencements en Galilée, après le baptême proclamé par Jean : Jésus de Nazareth, Dieu lui a donné l'onction d'Esprit Saint et de puissance. Là où il passait, il faisait le bien et guérissait tous ceux qui étaient sous le pouvoir du diable, car Dieu était avec lui. »
– Parole du Seigneur.

Acclamation de l'Évangile

Alléluia. Alléluia. Aujourd'hui, le ciel s'est ouvert, l'Esprit descend sur Jésus, et la voix du Père domine les eaux : « Celui-ci est mon Fils bien-aimé ! » ***Alléluia.***

Évangile de Jésus Christ

selon saint Matthieu (3, 13-17)

« Dès que Jésus fut baptisé, il vit l'Esprit de Dieu venir sur lui »

Alors paraît Jésus. Il était venu de Galilée jusqu'au Jourdain auprès de Jean, pour être baptisé par lui. Jean voulait l'en empêcher et disait : « C'est moi qui ai besoin d'être baptisé par toi, et c'est toi qui viens à moi ! » Mais Jésus lui répondit : « Laisse faire pour le moment, car il convient que nous accomplissions ainsi toute justice. » Alors Jean le laisse faire.
Dès que Jésus fut baptisé, il remonta de l'eau, et voici que les cieux s'ouvrirent : il vit l'Esprit de Dieu descendre comme une colombe et venir sur lui. Et des cieux, une voix disait : « Celui-ci est mon Fils bien-aimé, en qui je trouve ma joie. »

Prière sur les offrandes

Accueille, Seigneur, les offrandes que nous te présentons en ce jour où nous est révélé ton Fils bien-aimé : que les dons de tes fidèles deviennent ainsi le sacrifice de celui qui, dans sa miséricorde, a voulu laver le monde de ses péchés : Jésus, le Christ. Lui qui… ***— Amen.***

Prière eucharistique

(Préface du Baptême du Seigneur)

Vraiment, il est juste et bon, pour ta gloire et notre salut, de t'offrir notre action de grâce, toujours et en tout lieu, Seigneur, Père très saint, Dieu éternel et tout-puissant. Dans les eaux du Jourdain, tu as

préfiguré par d'admirables mystères le baptême nouveau. Une voix venue du ciel atteste que ton Verbe habite parmi les hommes. Par l'Esprit descendu sous l'aspect d'une colombe, le Christ, ton Serviteur, reçoit l'onction d'allégresse : il est reconnu comme le messager de la Bonne Nouvelle aux pauvres. C'est pourquoi, avec les puissances des cieux, nous pouvons te bénir sur la terre et t'adorer sans fin en proclamant :
Saint ! Saint ! Saint...

Antienne de la communion

Voici celui dont Jean Baptiste disait :
« Moi, j'ai vu et je rends témoignage :
c'est lui le Fils de Dieu. »
(cf. Jn 1, 32. 34)

Prière après la communion

Rassasiés par ce don sacré, nous implorons ta bonté, Seigneur ; accorde-nous d'écouter fidèlement ton Fils unique, afin de pouvoir être appelés tes fils, et de l'être vraiment. Par le Christ, notre Seigneur. ***— Amen.***

INVITATION

« C'est moi qui ai besoin d'être baptisé par toi, et c'est toi qui viens à moi ! » (Mt 3, 14). En ce jour du baptême du Seigneur, je me souviens du mien. Quel témoin de la foi puis-je être aujourd'hui ?

COMMENTAIRE

Baptême solidaire

Matthieu 3, 13-17

Seul Matthieu évoque, dans le récit du baptême, une réticence du Baptiste. Jean s'humilie, pénétré de la grandeur de celui qu'il a annoncé. Jésus doit en quelque sorte lutter pour demeurer « en dessous » et recevoir le baptême de Jean. Il occupe jusqu'au bout la posture du serviteur, solidaire des pécheurs. Il manifeste ainsi son ajustement à l'humilité de Dieu et aide Jean à s'y ajuster également. ■

***Jean-Marc Liautaud**, Fondacio*

✲ CLÉ DE LECTURE

« Il ne haussera pas le ton »

Isaïe 42, 2 *(p. 75)*

Que le serviteur appelé par Dieu pour annoncer la fin de l'Exil soit une personne unique, ou un groupe (le petit reste des Juifs fidèles), les caractères de son action restent les mêmes. Il est le modèle des véritables envoyés de Dieu. Il ne hausse pas le ton, ne joue pas les orateurs. Il reste humble, méconnu souvent, attentif au plus faible et au plus souffrant. Il relève sans bruit ceux qui sont blessés ou tombés – lui-même, d'ailleurs, partage leur sort. Et pourtant, tout montre qu'il ira jusqu'au bout de sa mission, porté par l'Esprit, la force du Dieu créateur et sauveur. Dieu « l'a donné » pour qu'il rétablisse l'alliance avec son peuple et qu'il soit lumière pour tous les hommes. Il est lui-même le don discret que Dieu fait à notre humanité. ■

***Roselyne Dupont-Roc**, bibliste*

MARDI 10 JANVIER 2023

1RE SEMAINE DU TEMPS ORDINAIRE COULEUR LITURGIQUE : VERT

Temps ordinaire, *suggestion d'oraisons et d'antiennes n° 1*

Antienne d'ouverture

J'ai vu un homme qui siégeait sur un trône élevé ;
la multitude des anges l'adore en chantant d'une seule voix :
« Voici celui dont l'empire a un nom éternel. »

Prière

Aux appels de ton peuple en prière, réponds, Seigneur, en ta tendresse : donne à chacun la claire vision de ce qu'il doit faire et la force de l'accomplir. Par Jésus…
— Amen.

Lecture

de la lettre aux Hébreux (2, 5-12)

« Il convenait que Dieu mène à sa perfection, par des souffrances, celui qui est à l'origine du salut »

Ce n'est pas à des anges que Dieu a soumis le monde à venir, dont nous parlons. Un psaume l'atteste en disant : *Qu'est-ce que l'homme pour que tu penses à lui, le fils d'un homme, que tu en prennes souci ? Tu l'as abaissé un peu au-dessous des anges, tu l'as couronné de gloire et d'honneur ; tu as mis sous ses pieds toutes choses.*
Quand Dieu lui a tout soumis, il n'a rien exclu de cette soumission. Maintenant, nous ne voyons pas

encore que tout lui soit soumis ; mais Jésus, qui a été abaissé un peu au-dessous des anges, nous le voyons couronné de gloire et d'honneur à cause de sa Passion et de sa mort. Si donc il a fait l'expérience de la mort, c'est, par grâce de Dieu, au profit de tous. Celui pour qui et par qui tout existe voulait conduire une multitude de fils jusqu'à la gloire ; c'est pourquoi il convenait qu'il mène à sa perfection, par des souffrances, celui qui est à l'origine de leur salut. Car celui qui sanctifie, et ceux qui sont sanctifiés, doivent tous avoir même origine ; pour cette raison, Jésus n'a pas honte de les appeler ses frères, quand il dit : *Je proclamerai ton nom devant mes frères, je te chanterai en pleine assemblée.* – Parole du Seigneur.

Psaume 8

℟ ***Tu établis ton Fils sur les œuvres de tes mains.***

Ô Seigneur, notre Dieu,
qu'il est grand ton nom par toute la terre !
Qu'est-ce que l'homme pour que tu penses à lui,
le fils d'un homme, que tu en prennes souci ? ℟

Tu l'as voulu un peu moindre qu'un dieu,
le couronnant de gloire et d'honneur ;
tu l'établis sur les œuvres de tes mains,
tu mets toute chose à ses pieds. ℟

Les troupeaux de bœufs et de brebis,
et même les bêtes sauvages,
les oiseaux du ciel et les poissons
de la mer,
tout ce qui va son chemin
dans les eaux. ℟

Acclamation de l'Évangile

Alléluia. Alléluia. Accueillez la parole de Dieu pour ce qu'elle est réellement : non pas une parole d'hommes, mais la parole de Dieu. ***Alléluia.***

Évangile de Jésus Christ

selon saint Marc (1, 21-28)

« Il enseignait en homme qui a autorité »

Jésus et ses disciples entrèrent à Capharnaüm. Aussitôt, le jour du sabbat, il se rendit à la synagogue, et là, il enseignait. On était frappé par son enseignement, car il enseignait en homme qui a autorité, et non pas comme les scribes. Or, il y avait dans leur synagogue un homme tourmenté par un esprit impur, qui se mit à crier : « Que nous veux-tu, Jésus de Nazareth ? Es-tu venu pour nous perdre ? Je sais qui tu es : tu es le Saint de Dieu. » Jésus l'interpella vivement : « Tais-toi ! Sors de cet homme. » L'esprit impur le fit entrer en convulsions, puis, poussant un grand cri, sortit de lui. Ils furent tous frappés de stupeur et se demandaient entre eux : « Qu'est-ce que cela veut dire ? Voilà un enseignement nouveau, donné avec autorité ! Il commande même aux esprits impurs, et ils lui obéissent. » Sa renommée se répandit aussitôt partout, dans toute la région de la Galilée.

Prière sur les offrandes

Que l'offrande de ton peuple te soit agréable, nous t'en prions, Seigneur : qu'elle le fasse grandir en sainteté, et lui obtienne ce qu'il demande avec ferveur. Par le Christ, notre Seigneur. ***— Amen.***

Antienne de la communion
Seigneur, en toi est la source de vie ;
par ta lumière,
nous voyons la lumière.
(Ps 35, 10)
OU
Je suis venu pour qu'ils aient la vie,
la vie en abondance, dit le Seigneur.
(Jn 10, 10)

Prière après la communion
Dieu tout-puissant, nous t'en supplions : tu refais nos forces par tes sacrements, donne-nous aussi de pouvoir dignement te servir par une vie qui te plaise. Par le Christ, notre Seigneur. — ***Amen.***

INVITATION

« Je te chanterai en pleine assemblée. » Et si je rythmais ma journée et celle de ma famille par un chant de louange ou le Sanctus ?

COMMENTAIRE

Le prix convenu Hébreux 2, 5-12

La première lecture de ce jour peut être méditée dans la suite du récit du baptême de Jésus. L'auteur invite à contempler le prix payé par celui qui est passé « dessous », acceptant de souffrir par amour pour les hommes malgré leur violence, en totale fraternité et solidarité. La « convenance » évoquée par le texte rejoint le souhait de Jésus d'accomplir paradoxalement « tout ce qui est juste » (cf. Mt 3, 15). ■

Jean-Marc Liautaud, *Fondacio*

MERCREDI 11 JANVIER 2023

1RE SEMAINE DU TEMPS ORDINAIRE COULEUR LITURGIQUE : VERT

Temps ordinaire, *suggestion d'oraisons et d'antiennes n° 2*

Antienne d'ouverture

Toute la terre se prosterne devant toi, qu'elle chante pour toi, qu'elle chante un psaume pour ton nom, Dieu très-haut. (cf. Ps 65, 4)

Prière

Dieu éternel et tout-puissant, qui régis et le ciel et la terre, exauce, en ta bonté, les supplications de ton peuple et donne à notre temps la paix qui vient de toi. Par Jésus… ***— Amen.***

Lecture

de la lettre aux Hébreux (2, 14-18)

« Il lui fallait se rendre en tout semblable à ses frères, pour devenir un grand prêtre miséricordieux »

Puisque les enfants des hommes ont en commun le sang et la chair, Jésus a partagé, lui aussi, pareille condition : ainsi, par sa mort, il a pu réduire à l'impuissance celui qui possédait le pouvoir de la mort, c'est-à-dire le diable, et il a rendu libres tous ceux qui, par crainte de la mort, passaient toute leur vie dans une situation d'esclaves. Car ceux qu'il prend en charge, ce ne sont pas les anges, c'est la descendance d'Abraham. Il lui fallait donc se rendre en tout semblable à ses frères, pour devenir un

grand prêtre miséricordieux et digne de foi pour les relations avec Dieu, afin d'enlever les péchés du peuple. Et parce qu'il a souffert jusqu'au bout l'épreuve de sa Passion, il est capable de porter secours à ceux qui subissent une épreuve.
– Parole du Seigneur.

Psaume 104 (105)

℟ ***Le Seigneur s'est toujours souvenu de son alliance.***
OU
Alléluia !

Rendez grâce au Seigneur, proclamez son nom,
annoncez parmi les peuples ses hauts faits ;
chantez et jouez pour lui,
redites sans fin ses merveilles. ℟

Glorifiez-vous de son nom très saint :
joie pour les cœurs qui cherchent Dieu !
Cherchez le Seigneur et sa puissance,
recherchez sans trêve sa face. ℟

Vous, la race d'Abraham son serviteur,
les fils de Jacob, qu'il a choisis.
Le Seigneur, c'est lui notre Dieu :
ses jugements font loi pour l'univers. ℟

Il s'est toujours souvenu de son alliance,
parole édictée pour mille générations :
promesse faite à Abraham,
garantie par serment à Isaac. ℟

Acclamation de l'Évangile

Alléluia. Alléluia. Mes brebis écoutent ma voix, dit le Seigneur ; moi, je les connais, et elles me suivent. ***Alléluia.***

Évangile de Jésus Christ

selon saint Marc (1, 29-39)

« Il guérit beaucoup de gens atteints de toutes sortes de maladies »

En ce temps-là, aussitôt sortis de la synagogue de Capharnaüm, Jésus et ses disciples allèrent, avec Jacques et Jean, dans la maison de Simon et d'André. Or, la belle-mère de Simon était au lit, elle avait de la fièvre. Aussitôt, on parla à Jésus de la malade. Jésus s'approcha, la saisit par la main et la fit lever. La fièvre la quitta, et elle les servait.

Le soir venu, après le coucher du soleil, on lui amenait tous ceux qui étaient atteints d'un mal ou possédés par des démons. La ville entière se pressait à la porte. Il guérit beaucoup de gens atteints de toutes sortes de maladies, et il expulsa beaucoup de démons ; il empêchait les démons de parler, parce qu'ils savaient, eux, qui il était.

Le lendemain, Jésus se leva, bien avant l'aube. Il sortit et se rendit dans un endroit désert, et là il priait. Simon et ceux qui étaient avec lui partirent à sa recherche. Ils le trouvent et lui disent : « Tout le monde te cherche. »

Jésus leur dit : « Allons ailleurs, dans les villages voisins, afin que là aussi je proclame l'Évangile ; car c'est pour cela que je suis sorti. »

Et il parcourut toute la Galilée, proclamant l'Évangile dans leurs synagogues, et expulsant les démons.

Prière sur les offrandes

Accorde-nous, Seigneur, nous t'en prions, de participer dignement à ces mystères, car chaque fois qu'est célébré ce sacrifice en mémorial, c'est l'œuvre de notre rédemption qui s'accomplit. Par le Christ, notre Seigneur. ***— Amen.***

Antienne de la communion
Tu prépares la table pour moi ;
la coupe qui m'enivre,
comme elle est admirable ! (cf. Ps 22, 5)
OU
Nous avons reconnu l'amour
que Dieu a pour nous,
et nous y avons cru. (1 Jn 4, 16)

Prière après la communion
Répands en nous, Seigneur, ton Esprit de charité, afin d'unir dans un même amour ceux que tu as nourris du même pain du ciel. Par le Christ, notre Seigneur. — ***Amen.***

INVITATION

Nous sommes dans la première semaine du temps ordinaire. Aujourd'hui, je peux rendre grâce pour tout ce qui rend ma vie stable.

COMMENTAIRE

Mort apparente Hébreux 2, 14-18

La lettre aux Hébreux continue de méditer sur la solidarité de Jésus avec chacun d'entre nous. Lui aussi a été tenté, mais la peur ne l'a pas emporté. Le texte évoque une humanité enfermée dans l'esclavage de la mort, et donc du péché qui est toujours lié à une peur de mourir, de perdre, de manquer. Jésus inverse cette logique : son « oui » à la mort, chemin de vie, nous libère de la peur de la mort, et donc du péché. ■

Jean-Marc Liautaud, *Fondacio*

JEUDI 12 JANVIER 2023

1RE SEMAINE DU TEMPS ORDINAIRE COULEUR LITURGIQUE : VERT

Temps ordinaire, *suggestion d'oraisons et d'antiennes n° 3*

Antienne d'ouverture

Chantez au Seigneur un chant nouveau, chantez au Seigneur, terre entière. Devant lui, splendeur et majesté, dans son sanctuaire, puissance et beauté. (Ps 95, 1. 6)

Prière

Dieu éternel et tout-puissant, dans ta bienveillance, dirige nos actions, afin qu'au nom de ton Fils bien-aimé, nous portions des fruits en abondance. Par Jésus…

— Amen.

Lecture

de la lettre aux Hébreux (3, 7-14)

« Encouragez-vous les uns les autres, aussi longtemps que retentit l'"aujourd'hui" »

Frères, comme le dit l'Esprit Saint dans un psaume : *Aujourd'hui, si vous entendez sa voix, n'endurcissez pas votre cœur comme au temps du défi, comme au jour de l'épreuve dans le désert, quand vos pères m'ont mis à l'épreuve et provoqué. Alors ils m'ont vu à l'œuvre pendant quarante ans ; oui, je me suis emporté contre cette génération, et j'ai dit : Toujours ils ont le cœur égaré, ils n'ont pas connu mes chemins. Dans ma colère, j'en ai fait le serment : On verra bien s'ils entreront dans mon repos !*

Frères, veillez à ce que personne d'entre vous n'ait un cœur mauvais que le manque de foi sépare du Dieu vivant. Au contraire, encouragez-vous les uns les autres jour après jour, aussi longtemps que retentit l'« aujourd'hui » de ce psaume, afin que personne parmi vous ne s'endurcisse en se laissant tromper par le péché. Car nous sommes devenus les compagnons du Christ, si du moins nous maintenons fermement, jusqu'à la fin, notre engagement premier.
– Parole du Seigneur.

Psaume 94 (95)

℟ ***Aujourd'hui, ne fermez pas votre cœur, mais écoutez la voix du Seigneur.***

Entrez, inclinez-vous, prosternez-vous,
adorons le Seigneur qui nous a faits.
Oui, il est notre Dieu ;
nous sommes le peuple qu'il conduit,
le troupeau guidé par sa main. ℟

Aujourd'hui écouterez-vous sa parole ?
« Ne fermez pas votre cœur
comme au désert,
comme au jour de tentation et de défi,
où vos pères m'ont tenté et provoqué,
et pourtant ils avaient vu mon exploit. ℟

« Quarante ans leur génération m'a déçu,
et j'ai dit : Ce peuple a le cœur égaré,
il n'a pas connu mes chemins.
Dans ma colère, j'en ai fait le serment :
Jamais ils n'entreront dans mon repos. » ℟

Acclamation de l'Évangile

Alléluia. Alléluia. Jésus proclamait l'Évangile du Royaume et guérissait toute infirmité dans le peuple. ***Alléluia.***

Évangile de Jésus Christ

selon saint Marc (1, 40-45)

« La lèpre le quitta et il fut purifié »

En ce temps-là, un lépreux vint auprès de Jésus ; il le supplia et, tombant à ses genoux, lui dit : « Si tu le veux, tu peux me purifier. » Saisi de compassion, Jésus étendit la main, le toucha et lui dit : « Je le veux, sois purifié. » À l'instant même, la lèpre le quitta et il fut purifié. Avec fermeté, Jésus le renvoya aussitôt en lui disant : « Attention, ne dis rien à personne, mais va te montrer au prêtre, et donne pour ta purification ce que Moïse a prescrit dans la Loi : cela sera pour les gens un témoignage. »
Une fois parti, cet homme se mit à proclamer et à répandre la nouvelle, de sorte que Jésus ne pouvait plus entrer ouvertement dans une ville, mais restait à l'écart, dans des endroits déserts. De partout cependant on venait à lui.

Prière sur les offrandes

Accueille avec bienveillance nos présents, nous t'en prions, Seigneur : qu'ils soient sanctifiés et servent ainsi à notre salut. Par le Christ, notre Seigneur. ***— Amen.***

Antienne de la communion

Approchez du Seigneur :
resplendissez de sa lumière,
sans ombre ni trouble au visage.
(cf. Ps 33, 6)

OU

Je suis la lumière du monde,
dit le Seigneur. Celui qui me suit
ne marchera pas dans les ténèbres :
il aura la lumière de la vie. (Jn 8, 12)

Prière après la communion

Nous t'en prions, Dieu tout-puissant ; nous recevons de toi la grâce qui fait vivre : fais que nous trouvions toujours notre gloire dans ce que tu nous donnes. Par le Christ, notre Seigneur. ***— Amen.***

INVITATION

En reprenant l'antienne du psaume du jour, je peux supplier le Seigneur d'ouvrir nos cœurs à la paix. Et lui confier les victimes des conflits, passés et présents.

COMMENTAIRE

L'épreuve de la foi Hébreux 3, 7-14

Pour raffermir des chrétiens découragés face aux persécutions, l'auteur de la lettre aux Hébreux a insisté sur la solidarité de Jésus : ce « grand prêtre » (cf. He 2, 17) ressuscité (cf. He 2, 17) , qui nous fait communier à Dieu, a connu la tentation et peut donc nous donner sa force. L'exhortation de ce jour renvoie à l'Exode et nous donne comme contre-exemple le peuple mettant Dieu à l'épreuve par son incapacité à rester ferme dans la foi des débuts. ■ *Jean-Marc Liautaud, Fondacio*

VENDREDI 13 JANVIER 2023

1RE SEMAINE DU TEMPS ORDINAIRE COULEUR LITURGIQUE : VERT

Temps ordinaire, *suggestion d'oraisons et d'antiennes n° 4*
ou **saint Hilaire de Poitiers,** *voir p. 97*

Antienne d'ouverture

Sauve-nous, Seigneur notre Dieu ;
rassemble-nous du milieu des nations,
que nous rendions grâce à ton saint nom,
fiers de chanter ta louange !
(Ps 105, 47)

Prière

Accorde-nous, Seigneur notre Dieu, de pouvoir t'adorer de tout notre esprit, et d'avoir envers tous une vraie charité. Par Jésus… ***— Amen.***

Lecture

de la lettre aux Hébreux (4, 1-5. 11)

« Empressons-nous d'entrer dans ce repos-là »

Frères, craignons, tant que demeure la promesse d'entrer dans le repos* de Dieu, craignons que l'un d'entre vous n'arrive, en quelque sorte, trop tard. Certes, nous avons reçu une Bonne Nouvelle, comme ces gens-là ; cependant, la parole entendue ne leur servit à rien, parce qu'elle ne fut pas accueillie avec foi par ses auditeurs.
Mais nous qui sommes venus à la foi, nous entrons dans le repos dont il

est dit : *Dans ma colère, j'en ai fait le serment : On verra bien s'ils entreront dans mon repos !* Le travail de Dieu, assurément, était accompli depuis la fondation du monde, comme l'Écriture le dit à propos du septième jour : *Et Dieu se reposa le septième jour de tout son travail.* Et dans le psaume, de nouveau : *On verra bien s'ils entreront dans mon repos !* Empressons-nous donc d'entrer dans ce repos-là, afin que plus personne ne tombe en suivant l'exemple de ceux qui ont refusé de croire. – Parole du Seigneur.

Psaume 77 (78)

℟ ***N'oubliez pas les exploits du Seigneur !***

Nous avons entendu et nous savons
ce que nos pères nous ont raconté ;
les titres de gloire du Seigneur,
sa puissance et les merveilles
qu'il a faites. ℟

Pour que l'âge suivant les connaisse,
et leur descendance à venir,
qu'ils n'oublient pas
les exploits du Seigneur
mais observent ses commandements. ℟

Qu'ils ne soient pas, comme leurs pères,
une génération indocile et rebelle,
génération de cœurs inconstants
et d'esprits infidèles à Dieu. ℟

Acclamation de l'Évangile

Alléluia. Alléluia. Un grand prophète s'est levé parmi nous, et Dieu a visité son peuple. ***Alléluia.***

Évangile de Jésus Christ

selon saint Marc (2, 1-12)

« Le Fils de l'homme a autorité pour pardonner les péchés sur la terre »

Quelques jours après la guérison d'un lépreux, Jésus revint à Capharnaüm, et l'on apprit qu'il était à la maison. Tant de monde s'y rassembla qu'il n'y avait plus de place, pas même devant la porte, et il leur annonçait la Parole.

Arrivent des gens qui lui amènent un paralysé, porté par quatre hommes. Comme ils ne peuvent l'approcher à cause de la foule, ils découvrent le toit au-dessus de lui, ils font une ouverture, et descendent le brancard sur lequel était couché le paralysé. Voyant leur foi, Jésus dit au paralysé : « Mon enfant, tes péchés sont pardonnés. »

Or, il y avait quelques scribes, assis là, qui raisonnaient en eux-mêmes : « Pourquoi celui-là parle-t-il ainsi ? Il blasphème. Qui donc peut pardonner les péchés, sinon Dieu seul ? » Percevant aussitôt dans son esprit les raisonnements qu'ils se faisaient, Jésus leur dit : « Pourquoi tenez-vous de tels raisonnements ? Qu'est-ce qui est le plus facile ? Dire à ce paralysé : "Tes péchés sont pardonnés", ou bien lui dire : "Lève-toi, prends ton brancard et marche" ? Eh bien ! Pour que vous sachiez que le Fils de l'homme a autorité pour pardonner les péchés sur la terre... – Jésus s'adressa au paralysé – je te le dis, lève-toi, prends ton brancard, et rentre dans ta maison. » Il se leva, prit aussitôt son brancard, et sortit devant tout le monde.

Tous étaient frappés de stupeur et rendaient gloire à Dieu, en disant : « Nous n'avons jamais rien vu de pareil. »

Prière sur les offrandes

Pour te servir, Seigneur, nous déposons nos présents sur ton autel : accueille-les favorablement, pour qu'ils deviennent le sacrement de notre rédemption. Par le Christ, notre Seigneur. — ***Amen.***

Antienne de la communion

Sur ton serviteur, que s'illumine
ta face ; sauve-moi dans ta miséricorde.
Seigneur, garde-moi d'être humilié,
car je t'ai invoqué.
(cf. Ps 30, 17-18)

OU

Heureux les pauvres de cœur,
car le royaume des Cieux est à eux.
Heureux les doux, car ils recevront
la terre en héritage.
(Mt 5, 3. 5)

Prière après la communion

Nous avons été fortifiés par le sacrement de notre rédemption, et nous t'en prions, Seigneur : que cette nourriture pour le salut éternel nous fasse progresser dans la foi véritable. Par le Christ, notre Seigneur. — ***Amen.***

INVITATION

Si je manque parfois de tolérance ou de compassion envers mon entourage, à qui puis-je demander pardon aujourd'hui ?

COMMENTAIRE

Ce repos-là Hébreux 4, 1-5. 11

Qui n'a jamais fait cette expérience : être fatigué mais incapable de s'accorder du repos alors qu'il le pourrait ? C'est que le repos, bien souvent, se choisit. Il est victoire sur l'inquiétude, l'activisme, le surinvestissement. Dieu a fait ce choix. L'auteur de l'épître aux Hébreux nous exhorte aujourd'hui à choisir le repos en Dieu où l'on n'entre que par la foi, c'est-à-dire confiants qu'il veut le meilleur pour nous. ■

Jean-Marc Liautaud, *Fondacio*

❊ CLÉ DE LECTURE

« Dans le repos » Hébreux 4, 3 *(p. 92)*

Le repos que nous assimilons parfois à la paix de la mort est ici tout autre. L'auteur évoque d'abord le repos de Dieu, le septième jour, devenu dans la tradition juive le repos sabbatique, qui imite le Créateur dans sa retenue et sa douceur, mais il évoque aussi la célébration du Kippour, appelé « le sabbat des sabbats », la fête de la repentance et de la réconciliation avec Dieu. Pour entrer dans ce repos, il faut accepter de croire, de faire confiance à l'amour infini du Créateur pour nous. Accepter de dépendre de lui, renoncer à mettre la main sur tout, à s'emparer de la marche du monde et à devenir « comme des dieux » (Gn 3, 5). Entrer dans le repos, alors, c'est entrer dans le mouvement de la vie même, reçue, respectée, accompagnée et donnée. ■

Roselyne Dupont-Roc, *bibliste*

Saint Hilaire de Poitiers

Couleur liturgique : blanc

IVe siècle. Évêque de Poitiers, il fut l'un des principaux opposants à l'hérésie arienne qui niait la divinité du Christ. Docteur de l'Église depuis 1851.

Antienne d'ouverture

Je susciterai pour moi un prêtre fidèle qui agira selon mon cœur et mon esprit, dit le Seigneur. (cf. 1 S 2, 35)

Prière

Accorde-nous, Dieu tout-puissant, de mieux comprendre et de proclamer fidèlement la divinité de ton Fils, que le bienheureux évêque Hilaire défendit sans jamais faiblir. Par Jésus Christ…
— Amen.

Prière sur les offrandes

Accueille, Seigneur, les offrandes que ton peuple te présente en la fête de saint Hilaire : qu'elles nous obtiennent, comme nous en avons l'espérance, d'éprouver le secours de ta bonté. Par le Christ, notre Seigneur. ***— Amen.***

Antienne de la communion

Je suis venu
pour que les brebis
aient la vie,
la vie en abondance,
dit le Seigneur. (Jn 10, 10)

Prière après la communion

Après avoir communié au corps sacré et au sang précieux de ton Fils, nous te supplions, Seigneur notre Dieu : fais que, sûrs de la rédemption, nous possédions enfin ce que nous célébrons avec ferveur. Par le Christ, notre Seigneur.
— Amen.

SAMEDI 14 JANVIER 2023

1RE SEMAINE DU TEMPS ORDINAIRE COULEUR LITURGIQUE : VERT

Temps ordinaire, *suggestion d'oraisons et d'antiennes n° 5*
ou **bienheureuse Vierge Marie,** *voir p. 102*

Antienne d'ouverture

Venez, adorons Dieu, prosternons-nous
devant le Seigneur qui nous a faits,
car il est notre Dieu.
(cf. Ps 94, 6-7)

Prière

Dans ton inlassable tendresse, nous t'en prions, Seigneur, veille sur ta famille : elle s'appuie sur la grâce du ciel, son unique espérance ; qu'elle soit toujours assurée de ta protection. Par Jésus… — ***Amen.***

Lecture

de la lettre aux Hébreux (4, 12-16)

« Avançons-nous avec assurance vers le Trône de la grâce »

Frères, elle est vivante, la parole de Dieu, énergique et plus coupante qu'une épée à deux tranchants ; elle va jusqu'au point de partage de l'âme et de l'esprit, des jointures et des moelles ; elle juge des intentions et des pensées du cœur. Pas une créature n'échappe à ses yeux, tout est nu devant elle, soumis à son regard ; nous aurons à lui rendre des comptes.
En Jésus, le Fils de Dieu, nous avons le grand prêtre par excellence, celui qui

a traversé les cieux ; tenons donc ferme l'affirmation de notre foi. En effet, nous n'avons pas un grand prêtre incapable de compatir à nos faiblesses, mais un grand prêtre éprouvé en toutes choses, à notre ressemblance, excepté le péché. Avançons-nous donc avec assurance vers le Trône de la grâce, pour obtenir miséricorde et recevoir, en temps voulu, la grâce de son secours.
– Parole du Seigneur.

Psaume 18B (19)

℟ ***Tes paroles, Seigneur, sont esprit et elles sont vie.***

La loi du Seigneur est parfaite,
qui redonne vie ;
la charte du Seigneur est sûre,
qui rend sages les simples. ℟

Les préceptes du Seigneur sont droits,
ils réjouissent le cœur ;
le commandement du Seigneur est limpide,
il clarifie le regard. ℟

La crainte qu'il inspire est pure,
elle est là pour toujours ;
les décisions du Seigneur sont justes
et vraiment équitables. ℟

Accueille les paroles de ma bouche,
le murmure de mon cœur ;
qu'ils parviennent devant toi,
Seigneur, mon rocher, mon défenseur ! ℟

Acclamation de l'Évangile

Alléluia. Alléluia. Le Seigneur m'a envoyé porter la Bonne Nouvelle aux pauvres, annoncer aux captifs leur libération. ***Alléluia.***

Évangile de Jésus Christ

selon saint Marc (2, 13-17)

« Je ne suis pas venu appeler des justes, mais des pécheurs »

En ce temps-là, Jésus sortit de nouveau le long de la mer ; toute la foule venait à lui, et il les enseignait. En passant, il aperçut Lévi, fils d'Alphée, assis au bureau des impôts. Il lui dit : « Suis-moi. » L'homme se leva et le suivit.

Comme Jésus était à table dans la maison de Lévi, beaucoup de publicains (c'est-à-dire des collecteurs d'impôts) et beaucoup de pécheurs vinrent prendre place avec Jésus et ses disciples, car ils étaient nombreux à le suivre. Les scribes du groupe des pharisiens, voyant qu'il mangeait avec les pécheurs et les publicains, disaient à ses disciples : « Comment ! Il mange avec les publicains et les pécheurs ! » Jésus, qui avait entendu, leur déclara : « Ce ne sont pas les gens bien portants qui ont besoin du médecin, mais les malades. Je ne suis pas venu appeler des justes, mais des pécheurs. »

Prière sur les offrandes

Seigneur notre Dieu, tu as choisi dans ta création ces aliments qui soutiennent notre fragilité ; nous t'en prions : fais qu'ils deviennent aussi pour nous le sacrement de la vie éternelle. Par le Christ, notre Seigneur. ***— Amen.***

Antienne de la communion

Qu'ils rendent grâce au Seigneur pour sa miséricorde, pour ses merveilles envers les hommes : car il rassasie l'âme épuisée, il comble de biens celle qui a faim ! (cf. Ps 106, 8-9)

OU
Heureux ceux qui pleurent,
car ils seront consolés.
Heureux ceux qui ont faim
et soif de la justice,
car ils seront rassasiés.
(Mt 5, 4. 6)

Prière après la communion

Tu as voulu, Seigneur Dieu, que nous ayons part au même pain et à la même coupe ; nous t'en prions : puisque nous sommes devenus un dans le Christ, que notre manière de vivre nous donne la joie de porter du fruit pour le salut du monde. Par le Christ, notre Seigneur. — ***Amen.***

INVITATION

Comme le bienheureux Pierre Donders (fêté aujourd'hui) qui prenait soin des lépreux, je pense à une personne malade à qui je peux témoigner de mon soutien. Peut-être lui téléphoner ou lui rendre service ?

COMMENTAIRE

Une parole qui tranche

Hébreux 4, 12-16

Comme le livre de la Genèse, la lettre aux Hébreux nomme « parole de Dieu » une initiative qui donne la vie et la vérité en tranchant, en séparant. Cette Parole nous travaille et nous invite – grand risque ! – à la liberté et à la responsabilité. Elle démasque nos accommodements avec ce qui ne sert pas la vie. Nous ne craignons pas cette mise à nu de notre existence car nous connaissons le grand prêtre qui l'opère : Jésus, dont la compassion est sans limites. ■ *Jean-Marc Liautaud, Fondacio*

Bienheureuse Vierge Marie

Couleur liturgique : blanc ou vert

Les samedis du temps ordinaire sans mémoire obligatoire, on peut faire mémoire de la Vierge Marie, selon une tradition qui honore la foi et l'espérance sans défaut de Marie le Samedi saint.

Antienne d'ouverture

Bienheureuse es-tu, Vierge Marie :
tu as porté le Créateur de l'univers,
tu as mis au monde celui qui t'a faite,
et tu demeures toujours vierge.

Prière

Dieu de miséricorde, viens au secours de notre faiblesse : puisque nous faisons mémoire de la sainte Mère de Dieu, fais que, soutenus par son intercession, nous soyons relevés de nos péchés. Par Jésus Christ… — ***Amen.***

OU

Que vienne à notre aide, Seigneur, nous t'en prions, l'admirable intercession de la bienheureuse Marie toujours vierge ; qu'elle nous obtienne la joie de vivre dans la paix que tu nous donnes, délivrés de tout péril. Par Jésus Christ… — ***Amen.***

Prière sur les offrandes

En rendant hommage à la Mère de ton Fils, Seigneur, nous te supplions : que le sacrifice offert en ce jour fasse de nous, par le don de ta grâce, une éternelle offrande à ta gloire. Par le Christ, notre Seigneur. — ***Amen.***

Préface de la Vierge Marie, p. 240.

Antienne de la communion

Le Puissant fit pour moi
des merveilles ; Saint est son nom.
(Lc 1, 49)

Prière après la communion

Tu nous as fait participer à la rédemption éternelle, et nous te prions, Seigneur : alors que nous faisons mémoire de la Mère de ton Fils, comble-nous de la plénitude de ta grâce, et fais-nous éprouver toujours davantage les effets du salut. Par le Christ, notre Seigneur. — ***Amen.***

Une prière de Rodhain Kasùba, pour ce dimanche

Seigneur, Fils de Dieu

Seigneur, Jésus Christ,
toi le prodigieux mystère du Père,
dis-nous comment te rendre témoignage.
Toi, l'Agneau de Dieu, qui te charges de nos innombrables péchés, donne-nous la joie de goûter à ta miséricorde.
Toi, le Fils de Dieu, qui nous révèles le vrai visage du Père, découvre-nous notre véritable identité.
Toi, le Bon Berger, qui ajustes tes pas au rythme de nos pas, avec patience, guide-nous vers ton Évangile.
Toi, le Pain de vie, qui nourris nos corps et nos âmes, donne-nous sans réserve la tendresse du Père.
Toi, la Source d'eau vive, qui jamais ne tarit, étanche nos soifs d'amour les plus brûlantes.
Toi, la Lumière éclatante,
qui illumines nos jours depuis le matin de Pâques,
viens chasser nos épaisses ténèbres.

DIMANCHE 15 JANVIER 2023

2E DIMANCHE DU TEMPS ORDINAIRE

ANNÉE A – COULEUR LITURGIQUE : VERT

© Marion Duval

« Voici l'Agneau de Dieu,
qui enlève le péché du monde. »
Jean 1, 29

Le baptême du Christ est une nouvelle épiphanie. Au moment où Jésus, adulte, commence sa mission publique, Jean Baptiste dit de lui qu'il est « l'Agneau de Dieu, qui enlève le péché du monde », le « Fils de Dieu ». Sommes-nous prêts à confesser la même foi ? Reconnaissons-nous, en Jésus Christ, le Sauveur du monde ?

RITES INITIAUX

Chant d'entrée *(Suggestions p. 261)*
OU
Antienne d'ouverture
Toute la terre se prosterne devant toi, qu'elle chante pour toi, qu'elle chante un psaume pour ton nom, Dieu très-haut.
(cf. Ps 65, 4)

Suggestion de préparation pénitentielle *(ou p. 231)*
Frères et sœurs, préparons-nous à célébrer le mystère de l'eucharistie, en reconnaissant que nous avons péché.
Puisque le baptême nous a sanctifiés, tu nous libères du péché. Prends pitié de nous, Seigneur.
— Nous avons péché contre toi.
Ô Christ, toi le premier baptisé, tu nous donnes ton Esprit de paix. Montre-nous, Seigneur, ta miséricorde.
— Et donne-nous ton salut.
Que Dieu tout-puissant nous fasse miséricorde ; qu'il nous pardonne nos péchés et nous conduise à la vie éternelle. ***— Amen.***

Kyrie, eleison. ***— Kyrie, eleison.***
Christe, eleison. ***— Christe, eleison.***
Kyrie, eleison. ***— Kyrie, eleison.***

Gloire à Dieu *(p. 233)*

Prière

Dieu éternel et tout-puissant, qui régis et le ciel et la terre, exauce, en ta bonté, les supplications de ton peuple et donne à notre temps la paix qui vient de toi. Par Jésus… ***– Amen.***

LITURGIE DE LA PAROLE

Lecture du livre du prophète Isaïe (49, 3. 5-6)

« Je fais de toi la lumière des nations pour que mon salut parvienne jusqu'aux extrémités de la terre »

Le Seigneur m'a dit : « Tu es mon serviteur, Israël, en toi je manifesterai ma splendeur. » Maintenant le Seigneur parle, lui qui m'a façonné dès le sein de ma mère pour que je sois son serviteur, que je lui ramène Jacob, que je lui rassemble Israël. Oui, j'ai de la valeur aux yeux du Seigneur, c'est mon Dieu qui est ma force. Et il dit : « C'est trop peu que tu sois mon serviteur pour relever les tribus de Jacob, ramener les rescapés d'Israël : je fais de toi la lumière des nations, pour que mon salut parvienne jusqu'aux extrémités de la terre. »

– Parole du Seigneur.

Psaume 39 (40)

℟ *Me voici, Seigneur, je viens faire ta volonté.*

T. : AELF ; M. : J.-P. Lécot ; Éd. : ADF.

D'un grand espoir j'espérais le Seigneur :
il s'est penché vers moi.
Dans ma bouche il a mis un chant nouveau,
une louange à notre Dieu. ℟

Tu ne voulais ni offrande ni sacrifice,
tu as ouvert mes oreilles ;
tu ne demandais ni holocauste ni victime,
alors j'ai dit : « Voici, je viens. ℟

Retrouvez ce psaume sur le CD “Les psaumes de l'année A”

℟ ***Me voici, Seigneur, je viens faire ta volonté.***

« Dans le livre, est écrit pour moi
ce que tu veux que je fasse.
Mon Dieu, voilà ce que j'aime :
ta loi me tient aux entrailles. » ℟

Vois, je ne retiens pas mes lèvres,
Seigneur, tu le sais.
J'ai dit ton amour et ta vérité
à la grande assemblée. ℟

Lecture de la première lettre de saint Paul apôtre aux Corinthiens (1, 1-3)

« À vous, la grâce et la paix, de la part de Dieu notre Père et du Seigneur Jésus Christ »

Paul, appelé par la volonté de Dieu pour être apôtre du Christ Jésus, et Sosthène notre frère, à l'Église de Dieu qui est à Corinthe, à ceux qui ont été sanctifiés dans le Christ Jésus et sont appelés à être saints avec tous ceux qui, en tout lieu, invoquent le nom de notre Seigneur Jésus Christ, leur Seigneur et le nôtre. À vous, la grâce et la paix, de la part de Dieu notre Père et du Seigneur Jésus Christ.

– Parole du Seigneur.

Acclamation de l'Évangile

Alléluia. Alléluia. Le Verbe s'est fait chair, il a établi parmi nous sa demeure. À tous ceux qui l'ont reçu, il a donné de pouvoir devenir enfants de Dieu. ***Alléluia.***

Alléluia 268; M. : O. Vercruyse; Audivis. Psalmodie : M. : M. Wackenheim; Bayard Liturgie.

Évangile de Jésus Christ selon saint Jean (1, 29-34)

« Voici l'Agneau de Dieu, qui enlève le péché du monde »

En ce temps-là, voyant Jésus venir vers lui, Jean le Baptiste déclara : « Voici l'Agneau de Dieu, qui enlève le péché du monde ; c'est de lui que j'ai dit : L'homme qui vient derrière moi est passé devant moi, car avant moi il était. Et moi, je ne le connaissais pas ; mais, si je suis venu baptiser dans l'eau, c'est pour qu'il

soit manifesté à Israël. » Alors Jean rendit ce témoignage : « J'ai vu l'Esprit descendre du ciel comme une colombe et il demeura sur lui. Et moi, je ne le connaissais pas, mais celui qui m'a envoyé baptiser dans l'eau m'a dit : “Celui sur qui tu verras l'Esprit descendre et demeurer, celui-là baptise dans l'Esprit Saint.” Moi, j'ai vu, et je rends témoignage : c'est lui le Fils de Dieu. »

Homélie

Profession de foi *(p. 234)*

Suggestion de prière universelle

Le prêtre :

Héritiers de l'enthousiasme des prophètes et de la foi des apôtres, tournons-nous vers le Dieu d'amour et de vérité qui a donné son Fils pour racheter tous les hommes.

℟ ***Notre Père, notre Père, nous te supplions humblement.***

B 4 Chalet; T. et M. : anonyme.

Le diacre ou un lecteur :

Dieu d'amour, béni sois-tu pour ta parole, source de vie pour tous les hommes. Pour que l'Église rencontre sans relâche celles et ceux qui ne la connaissent pas, nous te prions. ℟

Dieu de paix, béni sois-tu pour les apôtres de la non-violence et de la justice. Pour que ton Esprit éclaire les dirigeants des grandes nations, nous te prions. ℟

Dieu de bonté, béni sois-tu pour les personnes engagées dans la préparation au baptême. Pour que les catéchistes soient des témoins joyeux de ton amour, nous te prions. ℟

Dieu d'espérance, béni sois-tu pour les artisans de paix. Pour que les populations victimes de la guerre, de la famine, de la pauvreté, trouvent force et réconfort, nous te prions. ℟

(Ces intentions seront adaptées ou modifiées selon les circonstances.)

Le prêtre :

À tes fidèles, Dieu notre Père, tends une main secourable. Accorde-nous la grâce et la paix, et écoute nos prières. Par le Christ, notre Seigneur. ***— Amen.***

LITURGIE EUCHARISTIQUE

Prière sur les offrandes

Accorde-nous, Seigneur, nous t'en prions, de participer dignement à ces mystères, car chaque fois qu'est célébré ce sacrifice en mémorial, c'est l'œuvre de notre rédemption qui s'accomplit. Par le Christ, notre Seigneur. — ***Amen.***

Prière eucharistique *(Préface des dimanches, p. 239)*

Chant de communion *(Suggestions p. 261)*

OU

Antienne de la communion

Tu prépares la table pour moi ;
la coupe qui m'enivre, comme elle est admirable !
(cf. Ps 22, 5)

OU

Nous avons reconnu l'amour que Dieu a pour nous,
et nous y avons cru.
(1 Jn 4, 16)

Prière après la communion

Répands en nous, Seigneur, ton Esprit de charité, afin d'unir dans un même amour ceux que tu as nourris du même pain du ciel. Par le Christ, notre Seigneur. — ***Amen.***

RITE DE CONCLUSION

Bénédiction et envoi

COMMENTAIRE DU DIMANCHE

Benoît Gschwind, prêtre assomptionniste

« Je viens faire ta volonté »

Il y a un avant et un après le baptême de Jésus, qui devient un évènement-clef dans la vie de Jean le Baptiste. « J'ai vu l'Esprit Saint reposer sur lui », dira-t-il. Et le Précurseur va devenir le témoin, celui dont les yeux s'ouvrent sur l'identité du Fils. En quelques mots, dans la bouche de Jean le Baptiste, l'évangile de ce jour dit tout de Jésus, de cet homme venu se faire baptiser par Jean sur les bords du Jourdain, de l'Agneau de Dieu, du Fils de Dieu devant lequel Jean va s'effacer pour que le Christ grandisse en lui et autour de lui.

C'est toute l'incarnation de Dieu qui se déploie. Dieu vient au milieu de son peuple, avec humilité, pour le sauver en prenant la place du serviteur. Une fois encore, Dieu confie à l'homme sa parole, il fait de Jean le Baptiste son messager ! L'expérience •••

••• que Jean a faite de Jésus, cette rencontre au bord du Jourdain, a bouleversé sa vie. Il en va de même pour nous quand le Christ prend nos chemins. Notre foi est le fruit d'une rencontre à nulle autre pareille qui donne à notre vie une orientation décisive et lumineuse. La parole de Dieu éclaire nos pas, et la force de Dieu donne le courage du pas suivant. L'Esprit parle à nos vies pour que montent sur nos lèvres les mots du Fils lui-même : « Non pas ma volonté, Père, mais la tienne » (cf. Lc 22, 42). C'est le chemin de Jean le Baptiste, c'est notre propre chemin, c'est le chemin du psalmiste : « Me voici Seigneur, je viens faire ta volonté. »

Chaque jour, dans la prière du Notre Père,
je demande à Dieu que sa volonté soit faite.
Comment accueillir, discerner, reconnaître la volonté de Dieu ?
Comment suis-je disponible à ses appels ? ■

PrionsenEglise junior

LIRE L'ÉVANGILE AVEC LES ENFANTS

CE QUE JE DÉCOUVRE

Quand on assiste à un événement exceptionnel, on a envie de le raconter à tout le monde. C'est ce qui se passe pour Jean le Baptiste. Pendant qu'il baptise Jésus, il est témoin d'une chose extraordinaire : **il voit l'Esprit de Dieu se poser sur Jésus sous la forme d'une colombe.** Voilà pourquoi Jean le Baptiste proclame sa foi en Jésus. Il comprend, grâce à ce prodige, que **Jésus est le Fils de Dieu et qu'il baptise dans l'Esprit Saint.**

CE QUE JE VIS

As-tu déjà été témoin d'un événement extraordinaire ?
Comment as-tu réagi ?
À qui as-tu eu envie de le raconter ?
La prochaine fois que tu vas à l'église, incline toi devant le Saint Sacrement et trace sur ton corps le signe de croix.

Texte : Patricia Metzger. Illustrations : Marcelino Truong

MÉDITATION BIBLIQUE

2E DIMANCHE DU TEMPS ORDINAIRE

Livre d'Isaïe 49, 3. 5-6; Évangile selon saint Jean 1, 29-34

Du poids aux yeux de Dieu

Les prophètes mettent des mots sur leur vie intérieure et nous permettent ainsi de mieux comprendre la nôtre.

Le temps de la préparation

« Quand je me tiens sous l'abri du Très-Haut et repose à l'ombre du Puissant, je dis au Seigneur : "Mon refuge, mon rempart, mon Dieu, dont je suis sûr !" » (Ps 90, 1-2)

Le temps de l'observation

Le prophète Isaïe relate sa vie intérieure. Il partage un constat qui vient de loin en lui. « Oui, j'ai de la valeur aux yeux du Seigneur, c'est mon Dieu qui est ma force. » Le terme hébreu traduit par « valeur » n'a rien à voir avec un prix à payer ou une chose qui en vaudrait plus qu'une autre. Le mot hébreu employé signifie ce qui est lourd, qui pèse, l'inverse de ce qui est léger. C'est ce terme que l'on traduit par « gloire ». Isaïe comprend qu'il n'est pas rien. Il fait le constat qu'aux yeux de Dieu, il a du poids c'est-à-dire une place, une existence. Il n'est pas transparent, ne passe pas inaperçu. Le regard de Dieu le fait exister. Cette certitude lui fait dire que sa force, l'énergie de vie qui lui fait soulever les montagnes, ne vient pas de lui, pas de lui seulement. En existant face à Dieu, Isaïe comprend que ce regard lui permet de vivre, de croire en lui et aux autres et de donner du sens à son existence.

Le temps de la méditation

Il est fort possible que ce soit une expérience du même ordre que Jean réalise auprès de Jésus. Il constate que l'Esprit ne fait pas que descendre sur Jésus mais qu'il demeure en lui. Ce détail n'en est pas un. C'était même le critère qu'il attendait pour reconnaître celui qui baptiserait dans l'Esprit. Le constat de Jean rejoint celui d'Isaïe. Il reconnaît en Jésus quelqu'un qui a du poids c'est-à-dire quelqu'un qui vit de ce regard de Dieu sur lui. Jésus sait que sa force vient de Dieu. Il ne le sait pas intellectuellement, il l'expérimente directement, il en vit. Jean le remarque. Jésus n'est pas sur courant alternatif, il n'alterne pas entre des moments de proximité à Dieu et d'éloignement. Jésus pèse parce qu'il est ouvert, tourné vers ce regard de Dieu qui donne vie. Cette évidence, Jean en fait le constat et en témoigne. Jésus a du poids aux yeux de Dieu et Dieu demeure en lui.

Le temps de la prière

« Je t'exalte, Seigneur :
tu m'as relevé, tu m'épargnes
les rires de l'ennemi. » (Ps 29, 2) ■

Marie-Laure Durand,
bibliste

L'ÉVÉNEMENT

DU 18 AU 25 JANVIER SEMAINE DE PRIÈRE POUR L'UNITÉ DES CHRÉTIENS

Unis, dans la prière et l'action

La Semaine de prière pour l'unité des chrétiens a lieu du mercredi 18 au mercredi 25. Préparée cette année par les baptisés du Minnesota, elle a pour thème « Apprenez à faire le bien, recherchez la justice ».

« La semaine de prière pour l'unité des chrétiens, du 18 au 25 janvier, est le signe de ce qui devrait se faire tous les jours pour dépasser le scandale de la division », souligne Miguel Desjardins, prêtre et directeur du Service national pour l'unité des chrétiens de la Conférence des évêques de France. Chaque année, un thème de réflexion est proposé par des chrétiens d'une région du monde. Pour 2023, les baptisés du Minnesota (États-Unis) ont élaboré le programme pour toutes les Églises. « Ils ont choisi le verset "Apprenez à faire le bien, recherchez la justice" du livre d'Isaïe pour inviter les chrétiens non seulement à prier pour leur unité, mais aussi à s'engager ensemble, pour la justice », insiste Miguel Desjardins. « Bouleversés par les circonstances de la mort de George Floyd *[NDLR un Afro-Américain tué par la police*

DATES CLÉS

1894 : Léon XIII encourage la pratique de l'octave de la prière pour l'unité dans le contexte de la Pentecôte.

18 au 25 janvier 1908 : première octave de prière pour l'unité de l'Église mise en œuvre par le révérend Lewis Watson, épiscopalien américain.

1935 : l'abbé Paul Couturier, prêtre du diocèse de Lyon, lance la Semaine de prière pour l'unité des chrétiens.

Depuis 1968 : le Conseil œcuménique des Églises et le Conseil pontifical pour l'unité des chrétiens organisent ces 7 jours de prière et proposent des outils d'animation.

lors de son arrestation le 25 mai 2020 à Minneapolis, États-Unis], les organisateurs ont voulu sensibiliser au racisme et à l'exclusion ; non seulement au niveau mondial mais jusque dans nos plus petites paroisses ! Comment accueillons-nous fidèles et prêtres venus d'ailleurs ? L'œcuménisme consiste en un engagement spirituel, pastoral et pratique pour tous, au nom d'une même foi ! », précise-t-il. ■

Sébastien Antoni, journaliste

INFORMATIONS
www.unitedeschretiens.fr

Temps ordinaire, *suggestion d'oraisons et d'antiennes n° 6*

Antienne d'ouverture

Sois pour moi le Dieu qui protège, un lieu de refuge pour me sauver.
Car tu es mon appui et mon refuge : à cause de ton nom,
tu seras mon guide et tu me nourriras. (cf. Ps 30, 3-4)

Prière

Seigneur Dieu, tu as promis d'habiter les cœurs droits et sincères ; donne-nous, par ta grâce, de vivre de telle manière que tu puisses faire en nous ta demeure. Par Jésus… — ***Amen.***

Lecture

de la lettre aux Hébreux (5, 1-10)

« Bien qu'il soit le Fils, il apprit par ses souffrances l'obéissance »

Tout grand prêtre est pris parmi les hommes ; il est établi pour intervenir en faveur des hommes dans leurs relations avec Dieu ; il doit offrir des dons et des sacrifices pour les péchés. Il est capable de compréhension envers ceux qui commettent des fautes par ignorance ou par égarement, car il est, lui aussi, rempli de faiblesse ; et, à cause de cette faiblesse, il doit offrir des sacrifices pour ses propres péchés comme pour ceux du peuple. On ne s'attribue pas cet honneur à soi-même, on est appelé par Dieu, comme Aaron.

Il en est bien ainsi pour le Christ : il ne s'est pas donné à lui-même la gloire de devenir grand prêtre ; il l'a reçue de Dieu, qui lui a dit : *Tu es mon Fils, moi, aujourd'hui, je t'ai engendré,* car il lui dit aussi dans un autre psaume : *Tu es prêtre de l'ordre de Melkisédek pour l'éternité.* Pendant les jours de sa vie dans la chair, il offrit, avec un grand cri et dans les larmes, des prières et des supplications à Dieu qui pouvait le sauver de la mort, et il fut exaucé en raison de son grand respect. Bien qu'il soit le Fils, il apprit par ses souffrances l'obéissance et, conduit à sa perfection, il est devenu pour tous ceux qui lui obéissent la cause du salut éternel, car Dieu l'a proclamé grand prêtre de l'ordre de Melkisédek.
– Parole du Seigneur.

Psaume 109 (110)

℟ ***Tu es prêtre à jamais, selon l'ordre de Melkisédek.***

Oracle du Seigneur à mon seigneur :
« Siège à ma droite,
et je ferai de tes ennemis
le marchepied de ton trône. » ℟

De Sion, le Seigneur te présente
le sceptre de ta force :
« Domine jusqu'au cœur de l'ennemi. » ℟

Le jour où paraît ta puissance,
tu es prince, éblouissant de sainteté :
« Comme la rosée qui naît de l'aurore,
je t'ai engendré. » ℟

Le Seigneur l'a juré
dans un serment irrévocable :
« Tu es prêtre à jamais
selon l'ordre du roi Melkisédek. » ℟

Acclamation de l'Évangile

Alléluia. Alléluia. Elle est vivante, efficace, la parole de Dieu ; elle juge des intentions et des pensées du cœur. ***Alléluia.***

Évangile de Jésus Christ

selon saint Marc (2, 18-22)

« L'Époux est avec eux »

En ce temps-là, comme les disciples de Jean le Baptiste et les pharisiens jeûnaient, on vint demander à Jésus : « Pourquoi, alors que les disciples de Jean et les disciples des pharisiens jeûnent, tes disciples ne jeûnent-ils pas ? » Jésus leur dit : « Les invités de la noce pourraient-ils jeûner, pendant que l'Époux est avec eux ? Tant qu'ils ont l'Époux avec eux, ils ne peuvent pas jeûner. Mais des jours viendront où l'Époux leur sera enlevé ; alors, ce jour-là, ils jeûneront.

« Personne ne raccommode un vieux vêtement avec une pièce d'étoffe neuve ; autrement le morceau neuf ajouté tire sur le vieux tissu et la déchirure s'agrandit. Ou encore, personne ne met du vin nouveau dans de vieilles outres ; car alors, le vin fera éclater les outres, et l'on perd à la fois le vin et les outres. À vin nouveau, outres neuves. »

Prière sur les offrandes

Que cette offrande, nous t'en prions, Seigneur, nous purifie et nous renouvelle ; qu'elle devienne pour ceux qui accomplissent ta volonté la cause de la récompense éternelle. Par le Christ, notre Seigneur. ***— Amen.***

Antienne de la communion

Ils mangèrent, ils furent rassasiés, Dieu comblait leur désir, leur attente ne fut pas trompée. (Ps 77, 29-30)

OU

Dieu a tant aimé le monde qu'il a donné son Fils unique : ainsi, celui qui croit en lui ne périra pas, mais il obtiendra la vie éternelle. (Jn 3, 16)

Prière après la communion

Tu nous as fait goûter, Seigneur, aux joies du ciel, et nous te prions : donne-nous de toujours désirer ce qui nous fait vivre en vérité. Par le Christ, notre Seigneur. — ***Amen.***

INVITATION

Quelle nouvelle prière puis-je apprendre pour accueillir la fraîcheur de la Bonne Nouvelle ?

COMMENTAIRE

Un regard neuf Marc 2, 18-22

La venue du Royaume transfigure le quotidien le plus banal de Jésus. De la moindre situation, il tire un enseignement. Une simple pièce de tissu ou des outres de vin lui permettent de suggérer la nouveauté inouïe de sa présence parmi les hommes. Ses interlocuteurs voudraient bien concilier le neuf et l'ancien mais le Fils de Dieu les appelle à une conversion radicale : l'Époux est parmi eux, sauront-ils, saurons-nous le reconnaître ? ■

***Bénédicte de la Croix,** cistercienne*

MARDI 17 JANVIER 2023

2E SEMAINE DU TEMPS ORDINAIRE COULEUR LITURGIQUE : BLANC

Saint Antoine

IIIe-IVe siècles. Cet Égyptien vécut en ermite, dans le désert, avant de créer des communautés. Il est considéré comme le père de tous les moines.

Antienne d'ouverture

Le juste grandira comme un palmier, il poussera comme un cèdre du Liban ; planté dans les parvis du Seigneur, il grandira dans la maison de notre Dieu. (cf. Ps 91, 13-14)

Prière

Seigneur Dieu, tu as donné au bienheureux abbé Antoine de te servir au désert par une admirable manière de vivre ; accorde-nous, à son intercession, de renoncer à nous-mêmes pour t'aimer sans cesse et plus que tout. Par Jésus…

— Amen.

Lecture

de la lettre aux Hébreux (6, 10-20)

« Cette espérance, nous la tenons comme une ancre sûre et solide »

Frères, Dieu n'est pas injuste : il n'oublie pas votre action ni l'amour que vous avez manifesté à son égard, en vous mettant au service des fidèles et en vous y tenant. Notre désir est que chacun d'entre vous manifeste le même empressement jusqu'à la fin, pour que votre espérance se réalise pleinement ; ne devenez pas paresseux, imitez plutôt ceux qui, par la foi et la persévérance, obtiennent l'héritage promis.

Quand Dieu fit la promesse à Abraham, comme il ne pouvait prêter serment par quelqu'un de plus grand que lui, il prêta serment par lui-même, et il dit : *Je te comblerai de bénédictions et je multiplierai ta descendance.* Et ainsi, par sa persévérance, Abraham a obtenu ce que Dieu lui avait promis. Les hommes prêtent serment par un plus grand qu'eux, et le serment est entre eux une garantie qui met fin à toute discussion ; Dieu a donc pris le moyen du serment quand il a voulu montrer aux héritiers de la promesse, de manière encore plus claire, que sa décision était irrévocable. Dieu s'est ainsi engagé doublement de façon irrévocable, et il est impossible que Dieu ait menti. Cela nous encourage fortement, nous qui avons cherché refuge dans l'espérance qui nous était proposée et que nous avons saisie. Cette espérance, nous la tenons comme une ancre sûre et solide pour l'âme ; elle entre au-delà du rideau, dans le Sanctuaire où Jésus est entré pour nous en précurseur, lui qui est devenu grand prêtre de l'ordre de Melkisédek pour l'éternité.

– Parole du Seigneur.

Psaume 110 (111)

℟ ***Le Seigneur garde toujours mémoire de son alliance.***
OU ***Alléluia !***

De tout cœur je rendrai grâce au Seigneur
dans l'assemblée, parmi les justes.
Grandes sont les œuvres du Seigneur ;
tous ceux qui les aiment s'en instruisent. ℟

De ses merveilles il a laissé un mémorial ;
le Seigneur est tendresse et pitié.
Il a donné des vivres à ses fidèles,
gardant toujours mémoire de son alliance. ℟

Il apporte la délivrance à son peuple ;
son alliance est promulguée pour toujours :
saint et redoutable est son nom.
À jamais se maintiendra sa louange. ℟

Acclamation de l'Évangile

Alléluia. Alléluia. Que le Père de notre Seigneur Jésus Christ ouvre à sa lumière les yeux de notre cœur, pour que nous percevions l'espérance que donne son appel. ***Alléluia.***

Évangile de Jésus Christ

selon saint Marc (2, 23-28)

« Le sabbat a été fait pour l'homme, et non pas l'homme pour le sabbat »

Un jour de sabbat, Jésus marchait à travers les champs de blé ; et ses disciples, chemin faisant, se mirent à arracher des épis. Les pharisiens lui disaient : « Regarde ce qu'ils font le jour du sabbat ! Cela n'est pas permis. »

Et Jésus leur dit : « N'avez-vous jamais lu ce que fit David, lorsqu'il fut dans le besoin et qu'il eut faim, lui-même et ceux qui l'accompagnaient ? Au temps du grand prêtre Abiatar, il entra dans la maison de Dieu et mangea les pains de l'offrande que nul n'a le droit de manger, sinon les prêtres, et il en donna aussi à ceux qui l'accompagnaient. »

Il leur disait encore : « Le sabbat a été fait pour l'homme*, et non pas l'homme pour le sabbat. Voilà pourquoi le Fils de l'homme est maître, même du sabbat. »

Prière sur les offrandes

Accepte, Seigneur, comme un hommage de tes serviteurs l'offrande que nous déposons sur ton autel en faisant mémoire du bienheureux Antoine ; et permets que, libérés des fardeaux d'ici-bas, nous n'ayons d'autre richesse que toi. Par le Christ, notre Seigneur. **– *Amen.***

Antienne de la communion

Si tu veux être parfait,
dit le Seigneur,
va, vends ce que tu possèdes,
donne-le aux pauvres,
et suis-moi.
(cf. Mt 19, 21)

Prière après la communion

Par ton sacrement, Seigneur, tu nous as procuré la nourriture du salut ; fais-nous toujours échapper aux embûches de l'Ennemi, toi qui as donné au bienheureux Antoine de remporter sur les puissances des ténèbres d'éclatantes victoires. Par le Christ, notre Seigneur.
– *Amen.*

INVITATION

Je peux faire un don à une association qui lutte contre la faim ou offrir de la nourriture à une personne dans le besoin.

COMMENTAIRE

Libération sur parole Marc 2, 23-28

« Le Fils de l'homme est maître, même du sabbat. » Scandale pour les Juifs qui observent ce jour de repos afin d'honorer Dieu suspendant son activité au septième jour de la Création. Jésus n'a rien d'un révolutionnaire, il revient tout simplement à l'intention première qui a présidé à l'institution de ce jour de fête. Bénédiction et libération de l'homme des idoles qui entravent sa liberté : travail, maladie, mort. À méditer avec saint Antoine. ■

Bénédicte de la Croix, cistercienne

✲ CLÉ DE LECTURE

« Fait pour l'homme » Marc 2, 27 *(p. 126)*

Cet épisode, souvent considéré comme fondant la liberté du croyant par rapport à la loi de Moïse, nous invite à interroger la relation de l'être humain au Dieu créateur. Le sabbat, sommet de la vie juive, appelle de semaine en semaine au repos et à la louange devant l'œuvre créatrice, à l'imitation de Dieu lui-même. L'exemple d'Abiatar montre que le judaïsme s'était préoccupé de la priorité de l'être humain voulue par Dieu. Jésus affirme que le sabbat est « fait pour l'homme », autrement dit que la Loi est faite pour que l'être humain soit libre. Libre de discerner la priorité de la vie à accompagner et à honorer au-delà des prescriptions et des rites, libre de manifester qu'un seul est Seigneur, ce Seigneur venu habiter au cœur de notre humanité. ■

Roselyne Dupont-Roc, bibliste

Semaine de prière pour l'unité des chrétiens

« *Apprenez à faire le bien, recherchez la justice* »

(Isaïe 1, 17)

Les textes présentés sont extraits du document proposé par le Conseil pontifical pour la promotion de l'unité des chrétiens et la Commission foi et constitution du Conseil œcuménique des Églises. Il est préparé cette année par un groupe de chrétiens des États-Unis d'Amérique constitué par le Conseil des Églises du Minnesota. Il reprend et commente un passage du livre d'Isaïe (Is 1, 12-18) de la Traduction œcuménique de la Bible. Plus d'informations sur le site de l'Unité des chrétiens : semainedepriere.unitedeschretiens.fr

MERCREDI 18 JANVIER 2023

2E SEMAINE DU TEMPS ORDINAIRE COULEUR LITURGIQUE : VERT

Temps ordinaire, *suggestion d'oraisons et d'antiennes n° 7*

Antienne d'ouverture

Seigneur, j'ai mis mon espoir en ta miséricorde ;
mon cœur a exulté dans ton salut !
Je chanterai le Seigneur
pour le bien qu'il m'a fait. (cf. Ps 12, 6)

Prière

Dieu tout-puissant, nous t'en prions : accorde-nous de conformer à ta volonté nos paroles et nos actes dans une inlassable recherche des biens spirituels. Par Jésus… ***— Amen.***

Lecture

de la lettre aux Hébreux (7, 1-3. 15-17)

« Toi, tu es prêtre de l'ordre de Melkisédek pour l'éternité »

Frères, Melkisédek était roi de Salem, prêtre du Dieu très-haut ; il vint à la rencontre d'Abraham quand celui-ci rentrait de son expédition contre les rois ; il le bénit, et Abraham lui remit le dixième de tout ce qu'il avait pris. D'abord, Melkisédek porte un nom qui veut dire « roi de justice » ; ensuite, il est roi de Salem, c'est-à-dire roi « de paix », et à son sujet on ne parle ni de père ni de mère, ni d'ancêtres,

ni d'un commencement d'existence ni d'une fin de vie ; cela le fait ressembler au Fils de Dieu : il demeure prêtre pour toujours.
Les choses sont encore beaucoup plus claires si un autre prêtre se lève à la ressemblance de Melkisédek et devient prêtre, non pas selon une exigence légale de filiation humaine, mais par la puissance d'une vie indestructible. Car voici le témoignage de l'Écriture : *Toi, tu es prêtre de l'ordre de Melkisédek pour l'éternité.*
– Parole du Seigneur.

Psaume 109 (110)

℟ ***Tu es prêtre à jamais selon l'ordre de Melkisédek.***

Oracle du Seigneur à mon seigneur :
« Siège à ma droite,
et je ferai de tes ennemis
le marchepied de ton trône. » ℟

De Sion, le Seigneur te présente
le sceptre de ta force :
« Domine jusqu'au cœur
de l'ennemi. » ℟

Le jour où paraît ta puissance,
tu es prince, éblouissant de sainteté :
« Comme la rosée qui naît de l'aurore,
je t'ai engendré. » ℟

Le Seigneur l'a juré
dans un serment irrévocable :
« Tu es prêtre à jamais
selon l'ordre du roi Melkisédek. » ℟

Acclamation de l'Évangile

Alléluia. Alléluia. Jésus proclamait l'Évangile du Royaume et guérissait toute infirmité dans le peuple. ***Alléluia.***

Évangile de Jésus Christ

selon saint Marc (3, 1-6)

« Est-il permis, le jour du sabbat, de sauver une vie ou de tuer ? »

En ce temps-là, Jésus entra de nouveau dans une synagogue ; il y avait là un homme dont la main était atrophiée. On observait Jésus pour voir s'il le guérirait le jour du sabbat. C'était afin de pouvoir l'accuser. Il dit à l'homme qui avait la main atrophiée : « Lève-toi, viens au milieu. » Et s'adressant aux autres : « Est-il permis, le jour du sabbat, de faire le bien ou de faire le mal ? de sauver une vie ou de tuer ? » Mais eux se taisaient. Alors, promenant sur eux un regard de colère, navré de l'endurcissement de leurs cœurs, il dit à l'homme : « Étends la main. » Il l'étendit, et sa main redevint normale.

Une fois sortis, les pharisiens se réunirent en conseil avec les partisans d'Hérode contre Jésus, pour voir comment le faire périr.

Prière sur les offrandes

En célébrant tes mystères, Seigneur, pour te servir comme il convient, nous te supplions humblement : que les dons offerts pour honorer ta gloire nous fassent progresser vers le salut. Par le Christ, notre Seigneur. ***— Amen.***

Antienne de la communion

De tout mon cœur, Seigneur,
je rendrai grâce, je dirai
tes innombrables merveilles ;
pour toi, j'exulterai, je danserai,
je fêterai ton nom, Dieu Très-Haut.
(Ps 9, 2-3)

OU

Seigneur, je le crois :
tu es le Christ,
le Fils du Dieu vivant,
celui qui vient dans le monde.
(Jn 11, 27)

Prière après la communion

Nous t'en prions, Dieu tout-puissant : donne-nous de recueillir tous les fruits de salut dont ces mystères sont déjà la promesse et le gage. Par le Christ, notre Seigneur. — ***Amen.***

INVITATION

Pendant cette Semaine de prière pour l'unité des chrétiens, je peux prier pour mes frères et sœurs des différentes confessions.

COMMENTAIRE

Mystère merveilleux

Psaume 109 (110), 3

Suspendons nos activités quelques instants pour goûter la poésie qui imprègne la parole de Dieu. « Tu es prince, éblouissant de sainteté : "Comme la rosée qui naît de l'aurore, je t'ai engendré." » Ce verset de psaume, la tradition l'a spontanément appliqué à Jésus, « engendré non pas créé, consubstantiel au Père », c'est-à-dire Dieu, dans la plénitude de sa vie filiale. Gardons vive notre capacité d'émerveillement devant ce mystère. ■

***Bénédicte de la Croix**, cistercienne*

Apprendre à faire ce qui est juste

Proposition de lectures

Isaïe 1, 12-18 . Luc 10, 25-36

Prière

Seigneur, tu as appelé ton peuple
de l'esclavage à la liberté,
donne-nous la force et le courage de chercher
ceux qui ont besoin de justice.
Fais que nous voyions ce besoin
et sachions offrir notre aide,
et par ton Esprit Saint,
rassemble-nous dans l'unique troupeau
de Jésus Christ, notre berger.
Amen.

*

JEUDI 19 JANVIER 2023

2E SEMAINE DU TEMPS ORDINAIRE COULEUR LITURGIQUE : VERT

Temps ordinaire, *suggestion d'oraisons et d'antiennes n° 8*

Antienne d'ouverture

Le Seigneur s'est fait mon protecteur,
il m'a dégagé, mis au large,
il m'a libéré, car il m'aime. (cf. Ps 17, 19-20)

Prière

Nous t'en prions, Seigneur, accorde-nous de vivre dans un monde où les événements se déroulent selon ton dessein de paix, et où ton Église connaisse la joie de te servir dans la sérénité. Par Jésus… — ***Amen.***

15 - 21

Lecture

de la lettre aux Hébreux (7, 25 – 8, 6)

« Il a offert des sacrifices une fois pour toutes en s'offrant lui-même »

Frères, Jésus est capable de sauver d'une manière définitive ceux qui par lui s'avancent vers Dieu, car il est toujours vivant pour intercéder en leur faveur.
C'est bien le grand prêtre qu'il nous fallait : saint, innocent, immaculé ; séparé maintenant des pécheurs, il est désormais plus haut que les cieux. Il n'a pas besoin, comme les autres grands prêtres, d'offrir chaque jour des sacrifices, d'abord pour ses péchés personnels, puis pour ceux du peuple ; cela, il l'a fait une fois pour

toutes en s'offrant lui-même. La loi de Moïse établit comme grands prêtres des hommes remplis de faiblesse ; mais la parole du serment divin, qui vient après la Loi, établit comme grand prêtre le Fils, conduit pour l'éternité à sa perfection. Et voici l'essentiel de ce que nous voulons dire : c'est bien ce grand prêtre-là que nous avons, lui qui s'est assis à la droite de la Majesté divine dans les cieux, après avoir accompli le service du véritable Sanctuaire et de la véritable Tente*, celle qui a été dressée par le Seigneur et non par un homme. Tout grand prêtre est établi pour offrir des dons et des sacrifices ; il était donc nécessaire que notre grand prêtre ait, lui aussi, quelque chose à offrir. À vrai dire, s'il était sur la terre, il ne serait même pas prêtre, puisqu'il y a déjà les prêtres qui offrent les dons conformément à la Loi : ceux-ci rendent leur culte dans un sanctuaire qui est une image et une ébauche des réalités célestes, comme en témoigne l'oracle reçu par Moïse au moment où il allait construire la Tente : *Regarde,* dit le Seigneur, *tu exécuteras tout selon le modèle qui t'a été montré sur la montagne.* Quant au grand prêtre que nous avons, le service qui lui revient se distingue d'autant plus que lui est médiateur d'une alliance meilleure, reposant sur de meilleures promesses. – Parole du Seigneur.

Psaume 39 (40)

℟ ***Me voici, Seigneur, je viens faire ta volonté.***

Tu ne voulais ni offr_a_nde ni sacrifice,
tu as ouv_e_rt mes oreilles ;
tu ne demandais ni holoca_u_ste ni victime,
alors j'ai dit : « Voic_i_, je viens. ℟

« Dans le livre, est écrit pour moi
ce que tu veux que je fasse.
Mon Dieu, voilà ce que j'aime :
ta loi me tient aux entrailles. » ℟

J'annonce la justice
dans la grande assemblée ;
vois, je ne retiens pas mes lèvres,
Seigneur, tu le sais. ℟

Mais tu seras l'allégresse et la joie
de tous ceux qui te cherchent ;
toujours ils rediront :
« Le Seigneur est grand ! »
ceux qui aiment ton salut. ℟

Acclamation de l'Évangile

Alléluia. Alléluia. Notre Sauveur, le Christ Jésus, a détruit la mort ; il a fait resplendir la vie par l'Évangile. ***Alléluia.***

Évangile de Jésus Christ

selon saint Marc (3, 7-12)

« Les esprits impurs criaient : "Toi, tu es le Fils de Dieu !" Mais il leur défendait vivement de le faire connaître »

En ce temps-là, Jésus se retira avec ses disciples près de la mer, et une grande multitude de gens, venus de la Galilée, le suivirent. De Judée, de Jérusalem, d'Idumée, de Transjordanie, et de la région de Tyr et de Sidon vinrent aussi à lui une multitude de gens qui avaient entendu parler de ce qu'il faisait.
Il dit à ses disciples de tenir une barque à sa disposition pour que la foule ne l'écrase pas. Car il avait fait

beaucoup de guérisons, si bien que tous ceux qui souffraient de quelque mal se précipitaient sur lui pour le toucher. Et lorsque les esprits impurs le voyaient, ils se jetaient à ses pieds et criaient : « Toi, tu es le Fils de Dieu ! » Mais il leur défendait vivement de le faire connaître.

Prière sur les offrandes

Seigneur Dieu, ce qui est offert en l'honneur de ton nom, c'est toi qui le donnes, et tu reconnais dans ces offrandes notre attachement à ton service ; nous implorons ta bonté : que ta largesse, d'où vient notre mérite, contribue à notre récompense éternelle. Par le Christ, notre Seigneur. — ***Amen.***

Antienne de la communion

Je chanterai le Seigneur
pour le bien qu'il m'a fait ;
je fêterai le nom du Seigneur,
le Très-Haut. (cf. Ps 12, 6 ; 9a, 3)

OU

Je suis avec vous tous les jours
jusqu'à la fin du monde,
dit le Seigneur. (Mt 28, 20)

Prière après la communion

Tu nous as rassasiés, Seigneur, par ce don qui nous sauve, et nous implorons ta miséricorde : par ce même sacrement qui nous fortifie en cette vie, rends-nous, dans ta bonté, participants de la vie éternelle. Par le Christ, notre Seigneur. — ***Amen.***

INVITATION

Je ferme les yeux et je dis le Notre Père de tout mon cœur d'enfant de Dieu.

COMMENTAIRE

Verbe porte-parole

Hébreux 7, 25 – 8, 6

L'incarnation ne se réduit pas à la naissance du Verbe venu habiter parmi nous. Jésus ne s'est pas arrêté en chemin, son ascension nous invite à contempler son humanité assise « à la droite de la Majesté divine dans les cieux ». Là, nous rappelle l'auteur de la lettre aux Hébreux, « il est vivant pour intercéder en notre faveur ». Joie de nous glisser dans la prière de Jésus pour lui confier tous ses frères et sœurs « chair de sa chair, os de ses os » (cf. Ep 5, 30). ■

Bénédicte de la Croix, *cistercienne*

CLÉ DE LECTURE

« La véritable Tente »

Hébreux 8, 2 *(p. 136)*

Le thème de la Tente de la rencontre traverse les récits du désert, Exode, Nombres et Deutéronome. Il s'agit à la fois de la tente que Moïse dresse à l'extérieur du campement pour y rencontrer Dieu et du futur sanctuaire à bâtir, « la Demeure » (Ex 25, 9), dont les plans lui sont donnés, modèle idéal du Temple de Jérusalem. Dans tous les cas, la Tente de la « rencontre » est le lieu où Dieu vient au milieu de son peuple. Mais pour l'auteur de l'épître aux Hébreux, elle n'est que l'image de la Tente véritable, la vie nouvelle dans laquelle est désormais entré le Christ glorifié auprès de Dieu. Plus nettement encore, la Tente véritable est le Christ lui-même dans son humanité, son corps de chair passant la mort, qui, mystérieusement, nous fait entrer avec lui dans la vie. ■

Roselyne Dupont-Roc, *bibliste*

Quand la justice est faite…

Proposition de lectures

Proverbes 21, 13-15 . Matthieu 23, 23-25

Prière

Dieu, tu es la source de notre sagesse.
Accorde-nous la sagesse et le courage de faire la justice,
de réagir face à ce qui ne va pas dans le monde
et d'agir pour le rendre juste.
Accorde-nous la sagesse et le courage
de grandir dans l'unité de ton Fils,
Jésus Christ, qui, avec toi et le Saint-Esprit,
règne pour les siècles des siècles.
Amen.

VENDREDI 20 JANVIER 2023

2[E] SEMAINE DU TEMPS ORDINAIRE COULEUR LITURGIQUE : VERT

Temps ordinaire, *suggestion d'oraisons et d'antiennes n° 9*
ou **saint Fabien** *ou* **saint Sébastien**

15 - 21

Antienne d'ouverture

Regarde-moi, Seigneur, et prends pitié de moi,
de moi qui suis seul et misérable.
Vois ma misère et ma peine,
enlève tous mes péchés, toi, mon Dieu.
(cf. Ps 24, 16. 18)

Prière

Seigneur Dieu, nous en appelons à ta providence qui, dans ses desseins, jamais ne se trompe, et nous te supplions humblement : tout ce qui fait du mal, écarte-le, donne-nous ce qui pourra nous aider. Par Jésus… — ***Amen.***

Lecture

de la lettre aux Hébreux (8, 6-13)

« Il est médiateur d'une alliance meilleure »

Frères, le service qui revient à notre grand prêtre se distingue d'autant plus que lui est médiateur* d'une alliance meilleure, reposant sur de meilleures promesses. En effet, si la première Alliance avait été irréprochable, il n'y aurait pas eu lieu d'en chercher une deuxième. Or, c'est bien un reproche que Dieu fait à son peuple quand il dit : ***Voici venir***

des jours, dit le Seigneur, où je conclurai avec la maison d'Israël et avec la maison de Juda une alliance nouvelle. Ce ne sera pas comme l'Alliance que j'ai faite avec leurs pères, le jour où je les ai pris par la main pour les faire sortir du pays d'Égypte : eux ne sont pas restés dans mon Alliance ; alors moi, je les ai délaissés, dit le Seigneur. Mais voici quelle sera l'Alliance que j'établirai avec la maison d'Israël quand ces jours-là seront passés, dit le Seigneur. Quand je leur donnerai mes lois, je les inscrirai dans leur pensée et sur leurs cœurs. Je serai leur Dieu, et ils seront mon peuple. Ils n'auront plus à instruire chacun son concitoyen ni chacun son frère en disant : « Apprends à connaître le Seigneur ! » Car tous me connaîtront, des plus petits jusqu'aux plus grands. Je serai indulgent pour leurs fautes, je ne me rappellerai plus leurs péchés.

En parlant d'Alliance nouvelle, Dieu a rendu ancienne la première ; or ce qui devient ancien et qui vieillit est près de disparaître. – Parole du Seigneur.

Psaume 84 (85)

℟ ***Amour et vérité se rencontrent.***

Fais-nous voir, Seigneur, ton amour,
et donne-nous ton salut.
Ton salut est proche de ceux qui te craignent,
et la gloire habitera notre terre. ℟

Amour et vérité se rencontrent,
justice et paix s'embrassent ;
la vérité germera de la terre
et du ciel se penchera la justice. ℟

Le Seigneur donnera ses bienfaits,
et notre terre donnera son fruit.
La justice marchera devant lui,
et ses pas traceront le chemin. ℟

Acclamation de l'Évangile

Alléluia. Alléluia. Dans le Christ, Dieu réconciliait le monde avec lui : il a mis dans notre bouche la parole de la réconciliation. ***Alléluia.***

Évangile de Jésus Christ

selon saint Marc (3, 13-19)

« Jésus appela ceux qu'il voulait pour qu'ils soient avec lui »

En ce temps-là, Jésus gravit la montagne, et il appela ceux qu'il voulait. Ils vinrent auprès de lui, et il en institua douze pour qu'ils soient avec lui et pour les envoyer proclamer la Bonne Nouvelle avec le pouvoir d'expulser les démons. Donc, il établit les Douze : Pierre – c'est le nom qu'il donna à Simon –, Jacques, fils de Zébédée, et Jean, le frère de Jacques – il leur donna le nom de « Boanerguès », c'est-à-dire : « Fils du tonnerre » –, André, Philippe, Barthélemy, Matthieu, Thomas, Jacques, fils d'Alphée, Thaddée, Simon le Zélote, et Judas Iscariote, celui-là même qui le livra.

Prière sur les offrandes

Confiants dans ta tendresse, Seigneur, nous approchons de ton autel avec respect en apportant nos présents ; puissions-nous, par un effet de ta grâce qui nous purifie, être renouvelés par ces mystères que nous célébrons. Par le Christ, notre Seigneur. ***— Amen.***

Antienne de la communion

J'ai crié vers toi, Dieu
qui m'as exaucé : incline ton oreille,
entends ce que je dis.
(cf. Ps 16, 6)

OU

Amen, je vous le dis : tout ce que
vous demandez dans la prière,
croyez que vous l'avez obtenu,
et cela vous sera accordé,
dit le Seigneur. (Mc 11, 23. 24)

Prière après la communion

Guide-nous par ton Esprit, nous t'en prions, Seigneur, toi qui nous as nourris du corps et du sang de ton Fils : accorde-nous de te rendre témoignage, non seulement en paroles et par des discours, mais aussi en actes et en vérité, pour mériter d'entrer dans le royaume des Cieux. Par le Christ, notre Seigneur.

— Amen.

INVITATION

Je peux lire le discours du pape pour le dialogue théologique
entre l'Église catholique et les Églises orthodoxes orientales (23 juin 2022),
sur www.vatican.va

COMMENTAIRE

Là-haut sur la montagne Marc 3, 13-19

La montagne est le lieu privilégié pour rencontrer Dieu. À la suite des grimpeurs de l'Ancien Testament, Jésus s'élève et lance un appel décisif à ceux qu'il a choisis pour devenir ses disciples. « Vocation », du latin « appeler, inviter », encore faut-il des cœurs disposés à l'écoute, assez silencieux pour percevoir « le murmure d'une brise légère » (1 R 19, 12). Tendons l'oreille, l'Esprit souffle mais nous ne savons « ni d'où il vient ni où il va » (Jn 3, 8). ■

Bénédicte de la Croix, *cistercienne*

✻ CLÉ DE LECTURE

« Médiateur » Hébreux 8, 6 *(p. 141)*

L'expression « Alliance nouvelle » (« kainè diathèkè », que nous traduisons aussi par « Nouveau Testament »), n'apparaît avant l'épître aux Hébreux et Paul que dans le livre de Jérémie (Jr 31, 31). Le prophète, qui a constaté avec lucidité l'incapacité des humains à rester fidèles à la volonté bonne de Dieu, fonde une espérance inouïe : au-delà des refus répétés, Dieu promet une Alliance nouvelle par laquelle il va transformer le cœur humain. Alors, celui-ci sera spontanément accordé à son amour, complice de sa volonté de bénédiction. Pour l'auteur de la lettre aux Hébreux, seul le Christ peut accomplir pleinement cette promesse, lui qui, en médiateur parfait, a partagé totalement notre humanité et l'a conduite jusqu'auprès de Dieu, mettant totalement sa vie et sa mort en accord avec le pardon divin. ■

Roselyne Dupont-Roc, *bibliste*

« Faites la justice, aimez la miséricorde, marchez humblement » (Mi 6, 8)

Proposition de lectures

Michée 6, 6-8 . Marc 10, 17-31

Prière

Père aimant et miséricordieux, éÉlargis notre regard afin que nous puissions
voir la mission que nous partageons
avec tous nos frères et sœurs chrétiens,
qui est de montrer la justice
et la bonté de ton Royaume.
Aide-nous à accueillir notre prochain
comme ton Fils nous a accueillis.
Aide-nous à être plus généreux en témoignant
de la grâce que tu nous donnes.
Par le Christ notre Seigneur.
Amen.

*

SAMEDI 21 JANVIER 2023

2E SEMAINE DU TEMPS ORDINAIRE COULEUR LITURGIQUE : ROUGE

Sainte Agnès

IVe siècle. Jeune chrétienne romaine. Elle s'offrit volontairement au martyre pour sauvegarder sa pureté. Le peuple de Rome l'a toujours entourée de tendresse et de vénération.

15 - 21

Antienne d'ouverture

Bienheureuse vierge, renonçant à elle-même
et portant sa croix, elle a imité le Seigneur,
époux des vierges et prince des martyrs.

OU

Voici qu'elle suit l'Agneau, crucifié pour nous,
la vierge fidèle, victime pure, offrande immaculée.

Prière

Dieu éternel et tout-puissant, tu choisis ce qui est faible dans le monde pour couvrir de confusion ce qui est fort ; alors que nous célébrons la naissance au ciel de la bienheureuse Agnès ta martyre, accorde-nous, dans ta bienveillance, d'imiter sa fermeté dans la foi. Par Jésus… ***— Amen.***

Lecture

de la lettre aux Hébreux (9, 2-3. 11-14)

« Il est entré une fois pour toutes dans le sanctuaire, en répandant son propre sang »

Frères, dans le sanctuaire de l'ancienne Alliance, une tente était disposée, la première, où se trouvaient le chandelier à sept branches et la table avec les pains de l'offrande ; c'est ce qu'on nomme

le Saint. Derrière le second rideau, il y avait la tente appelée le Saint des Saints. Le Christ est venu, grand prêtre des biens à venir. Par la tente plus grande et plus parfaite, celle qui n'est pas œuvre de mains humaines et n'appartient pas à cette création, il est entré une fois pour toutes dans le sanctuaire, en répandant, non pas le sang de boucs et de jeunes taureaux, mais son propre sang. De cette manière, il a obtenu une libération définitive. S'il est vrai qu'une simple aspersion avec le sang de boucs et de taureaux, et de la cendre de génisse, sanctifie ceux qui sont souillés, leur rendant la pureté de la chair, le sang du Christ fait bien davantage, car le Christ, poussé par l'Esprit éternel, s'est offert lui-même à Dieu comme une victime sans défaut ; son sang purifiera donc notre conscience des actes qui mènent à la mort, pour que nous puissions rendre un culte au Dieu vivant.

– Parole du Seigneur.

Psaume 46 (47)

℟ Dieu s'élève parmi les ovations, le Seigneur, aux éclats du cor.

Tous les peuples, battez des mains,
acclamez Dieu par vos cris de joie !
Car le Seigneur est le Très-Haut, le redoutable,
le grand roi sur toute la terre. ℟

Dieu s'élève parmi les ovations,
le Seigneur, aux éclats du cor.
Sonnez pour notre Dieu, sonnez,
sonnez pour notre roi, sonnez ! ℟

Car Dieu est le roi de la terre :
que vos musiques l'annoncent !
Il règne, Dieu, sur les païens,
Dieu est assis sur son trône sacré. ℟

Acclamation de l'Évangile

Alléluia. Alléluia. Seigneur, ouvre notre cœur pour nous rendre attentifs aux paroles de ton Fils. ***Alléluia.***

Évangile de Jésus Christ

selon saint Marc (3, 20-21)

« Les gens de chez lui affirmaient : Il a perdu la tête »

En ce temps-là, Jésus revint à la maison, où de nouveau la foule se rassembla, si bien qu'il n'était même pas possible de manger. Les gens de chez lui, l'apprenant, vinrent pour se saisir de lui, car ils affirmaient : « Il a perdu la tête. »

Prière sur les offrandes

Seigneur, nous te présentons ces offrandes en célébrant sainte Agnès : accepte-les avec bienveillance, nous t'en prions, comme tu as accueilli le combat de son martyre. Par le Christ, notre Seigneur. ***— Amen.***

Antienne de la communion

L'Agneau qui se tient
au milieu du Trône
les conduira aux sources
des eaux de la vie.
(cf. Ap 7, 17)

Prière après la communion

Seigneur Dieu, tu as donné à sainte Agnès d'être couronnée parmi les saints, au double titre de vierge et de martyre; par la force de ce sacrement, rends-nous forts pour surmonter le mal et obtenir ainsi la gloire du ciel. Par le Christ, notre Seigneur.
— *Amen.*

INVITATION

Demain, c'est le dimanche de la Parole. Comment connaître encore mieux les Écritures ? Je peux choisir aujourd'hui de lire un des quatre évangiles.

COMMENTAIRE

Perte d'esprit — Marc 3, 20-21

Traité de « glouton » et d'« ivrogne », dans les évangiles de Matthieu et Luc (Mt 11, 19; Lc 7, 34), parce qu'il acceptait de manger en compagnie des pécheurs, Jésus est soupçonné par sa propre famille d'avoir « perdu la tête » ! « Nous proclamons un Messie crucifié, scandale pour les Juifs, folie pour les nations païennes », écrira saint Paul aux chrétiens de Corinthe (1 Co 1, 23), bien des années plus tard. À l'aune de nos critères mondains, nous sommes toujours tentés d'intimer à Dieu l'ordre d'être plus sage ! ■

***Bénédicte de la Croix,** cistercienne*

« Regardez les pleurs des opprimés » (Qo 4, 1)

Proposition de lectures

Qohèleth 4, 1-5 . Matthieu 5, 1-8

Prière

Dieu de justice et de miséricorde,
fais tomber les écailles de nos yeux
pour que nous puissions vraiment
voir l'oppression qui nous entoure.
Nous prions au nom de Jésus qui a vu
les foules et a eu pitié d'elles.
Amen.

DIMANCHE 22 JANVIER 2023

3E DIMANCHE DU TEMPS ORDINAIRE

ANNÉE A – COULEUR LITURGIQUE : VERT

« Venez à ma suite, et je vous ferai pêcheurs d'hommes. » Matthieu 4, 19

En ce dimanche de la parole de Dieu, nous commençons la lecture suivie de l'Évangile selon saint Matthieu. Jésus, Verbe fait chair, appelle ses premiers disciples. Avec lui, ils vont annoncer le royaume des Cieux et proclamer la Parole du salut. Sommes-nous également les témoins joyeux de la Parole, les guetteurs du Royaume ?

RITES INITIAUX

Chant d'entrée *(Suggestions p. 261)*
ou
Antienne d'ouverture
Chantez au Seigneur un chant nouveau,
chantez au Seigneur, terre entière.
Devant lui, splendeur et majesté, dans son sanctuaire,
puissance et beauté. (Ps 95, 1. 6)

Suggestion de préparation pénitentielle *(ou p. 231)*
Frères et sœurs, préparons-nous à célébrer le mystère de l'eucharistie, en reconnaissant que nous avons péché.

Seigneur Jésus, tu es notre lumière et notre salut, tu guéris notre aveuglement, Kyrie eleison.
— Kyrie eleison.

Ô Christ, tu es le Verbe fait chair pour notre vie, tu ouvres nos cœurs à ta parole, Christe eleison.
— Christe eleison.

Seigneur, tu es l'unique pain qui fait notre unité, tu effaces toutes nos divisions, Kyrie eleison.
— Kyrie eleison.

Que Dieu tout-puissant nous fasse miséricorde ; qu'il nous pardonne nos péchés et nous conduise à la vie éternelle. ***— Amen.***

Gloire à Dieu *(p. 233)*

(p. 233)

Prière

Dieu éternel et tout-puissant, dans ta bienveillance, dirige nos actions, afin qu'au nom de ton Fils bien-aimé, nous portions des fruits en abondance. Par Jésus… ***— Amen.***

LITURGIE DE LA PAROLE

Lecture du livre du prophète Isaïe (8, 23b – 9, 3)

Dans la Galilée des nations
le peuple a vu se lever une grande lumière

Dans un premier temps, le Seigneur a couvert de honte le pays de Zabulon et le pays de Nephtali ; mais ensuite, il a couvert de gloire la route de la mer, le pays au-delà du Jourdain, et la Galilée des nations. Le peuple qui marchait dans les ténèbres a vu se lever une grande lumière ; et sur les habitants du pays de l'ombre, une lumière a resplendi. Tu as prodigué la joie, tu as fait grandir l'allégresse : ils se réjouissent devant toi, comme on se réjouit de la moisson, comme on exulte au partage du butin. Car le joug qui pesait sur lui, la barre qui meurtrissait son épaule, le bâton du tyran, tu les as brisés comme au jour de Madiane.

– Parole du Seigneur.

Psaume 26 (27)

℟ *Le Seigneur est ma lumière et mon salut.*

T. : AELF; M. : J.-P. Hervy; Éd. : ADF.

Le Seigneur est ma lumière et mon salut;
de qui aurais-je crainte ?
Le Seigneur est le rempart de ma vie ;
devant qui tremblerais-je ? ℟

J'ai demandé une chose au Seigneur,
la seule que je cherche :
habiter la maison du Seigneur
tous les jours de ma vie. ℟

Mais j'en suis sûr, je verrai les bontés du Seigneur
sur la terre des vivants.
« Espère le Seigneur, sois fort et prends courage ;
espère le Seigneur. » ℟

Lecture de la première lettre de saint Paul apôtre aux Corinthiens (1, 10-13. 17)

« Tenez tous le même langage ;
qu'il n'y ait pas de division entre vous »

Frères, je vous exhorte au nom de notre Seigneur Jésus Christ : ayez tous un même langage ; qu'il n'y ait pas de division entre vous, soyez en parfaite harmonie de pensées et d'opinions. Il m'a été rapporté à votre sujet, mes frères, par les gens de chez Chloé, qu'il y a entre vous des rivalités. Je m'explique. Chacun de vous prend parti en disant : « Moi, j'appartiens à Paul », ou bien : « Moi, j'appartiens à Apollos », ou bien : « Moi, j'appartiens à Pierre », ou bien : « Moi, j'appartiens au Christ. » Le Christ est-il donc divisé ? Est-ce Paul qui a été crucifié pour vous ? Est-ce au nom de Paul que vous avez été baptisés ? Le Christ, en effet, ne m'a pas envoyé pour baptiser, mais pour annoncer l'Évangile, et cela sans avoir recours au langage de la sagesse humaine, ce qui rendrait vaine la croix du Christ.

– Parole du Seigneur.

Acclamation de l'Évangile

Alléluia. Alléluia. Jésus proclamait l'Évangile du Royaume, et guérissait toute maladie dans le peuple. ***Alléluia.***

U 22-80; T. et M. : M. Wackenheim; Bayard liturgie.

Évangile de Jésus Christ selon saint Matthieu (4, 12-23)

(Lecture brève : 4, 12-17)

Il vint habiter à Capharnaüm pour que soit accomplie la parole d'Isaïe

Quand Jésus apprit l'arrestation de Jean le Baptiste, il se retira en Galilée. Il quitta Nazareth et vint habiter à Capharnaüm, ville située au bord de la mer de Galilée, dans les territoires de Zabulon et de Nephtali. C'était pour que soit accomplie la parole prononcée par le prophète Isaïe : ***Pays de Zabulon et pays de Nephtali, route de la mer et pays au-delà du Jourdain, Galilée des nations ! Le peuple qui habitait dans les ténèbres a vu une grande lumière. Sur ceux qui habitaient dans le pays et l'ombre de la mort,***

une lumière s'est levée. À partir de ce moment, Jésus commença à proclamer : « Convertissez-vous, car le royaume des Cieux est tout proche. »

Fin de la lecture brève

Comme il marchait le long de la mer de Galilée, il vit deux frères, Simon, appelé Pierre, et son frère André, qui jetaient leurs filets dans la mer; car c'étaient des pêcheurs. Jésus leur dit : « Venez à ma suite, et je vous ferai pêcheurs d'hommes. » Aussitôt, laissant leurs filets, ils le suivirent.

De là, il avança et il vit deux autres frères, Jacques, fils de Zébédée, et son frère Jean, qui étaient dans la barque avec leur père, en train de réparer leurs filets. Il les appela. Aussitôt, laissant la barque et leur père, ils le suivirent.

Jésus parcourait toute la Galilée; il enseignait dans leurs synagogues, proclamait l'Évangile du Royaume, guérissait toute maladie et toute infirmité dans le peuple.

Homélie

Profession de foi (p. 234)

Suggestion de prière universelle

Le prêtre :

Ouvrons maintenant notre prière aux dimensions de la charité du Christ. Prions Dieu, notre Père, pour tous les habitants de la terre.

℟ ***Écoute-nous, Seigneur, et viens sauver ton peuple !***

Large

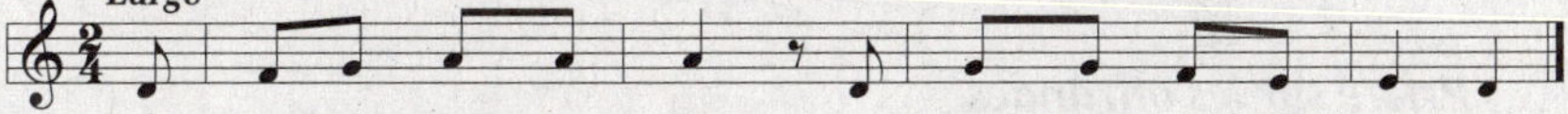

É - cou-te-nous, Sei-gneur, et viens sau-ver ton peu-ple!

MNA n° 31.34

Le diacre ou un lecteur :

Dieu de lumière, soutiens la mission de l'Église. Pour qu'elle annonce à tous les hommes ta parole de vie et qu'elle demeure ouverte au dialogue avec tous, nous te prions. ℟

Dieu d'unité, donne ton Esprit de réconciliation aux dirigeants de ce monde. Pour qu'ils aient le souci des exclus et des plus précaires, nous te prions. ℟

Dieu tout-puissant, sois la force et le courage des éducateurs. Pour qu'ils soient des témoins crédibles de la Bonne Nouvelle et enseignent la fraternité, nous te prions. ℟

Dieu d'espérance, façonne chacun de nous de ta loi d'amour. Pour que tu fasses de notre communauté paroissiale un lieu d'accueil, d'écoute et d'entraide, nous te prions. ℟

(Ces intentions seront adaptées ou modifiées selon les circonstances.)

Le prêtre :
Dieu qui sais toutes choses, tu vois notre inquiétude et le désespoir de beaucoup. Exauce toutes nos prières, par le Christ, notre Seigneur.
— Amen.

LITURGIE EUCHARISTIQUE

Prière sur les offrandes

Accueille avec bienveillance nos présents, nous t'en prions, Seigneur : qu'ils soient sanctifiés et servent ainsi à notre salut. Par le Christ, notre Seigneur. ***— Amen.***

Prière eucharistique

(Préface des dimanches, p. 239)

Chant de communion

(Suggestions p. 261)

OU

Antienne de la communion

Approchez du Seigneur :
resplendissez de sa lumière,
sans ombre ni trouble au visage.
(cf. Ps 33, 6)

OU

Je suis la lumière du monde, dit le Seigneur.
Celui qui me suit ne marchera pas dans les ténèbres :
il aura la lumière de la vie. (Jn 8, 12)

Prière après la communion

Nous t'en prions, Dieu tout-puissant ; nous recevons de toi la grâce qui fait vivre : fais que nous trouvions toujours notre gloire dans ce que tu nous donnes. Par le Christ, notre Seigneur. – ***Amen.***

RITE DE CONCLUSION

Bénédiction

Envoi

COMMENTAIRE DU DIMANCHE

Anne Da, xavière

Vers la Lumière

Un événement douloureux provoque une rupture dans la vie de Jésus : l'arrestation de Jean Baptiste par le roi Hérode. Par l'austérité de sa vie et la proclamation d'une parole exigeante, Jean bouscule, provoquant l'adhésion à l'appel à la conversion ou, au contraire, la décision de faire taire cette voix qui crie dans le désert. Cet événement devient pour Jésus le temps d'une décision, celle de la séparation d'avec sa famille, son travail. Rupture qui fait ouverture et inaugure le ministère de la parole de Jésus.

Choisir de quitter Nazareth pour se retirer en Galilée et prendre le relais de Jean Baptiste. Jésus, d'une certaine manière, reprend à son compte l'appel à la conversion : se détourner de ce qui enferme, plonge dans les ténèbres et conduit à la mort pour se

tourner vers le Christ, lumière des hommes. Jésus accomplit la parole du prophète Isaïe : sur ceux qui habitaient dans le pays de l'ombre de la mort, une lumière s'est levée.
Jésus pose son regard sur Simon et André, puis sur Jacques et Jean. Un regard de tendresse, de confiance. Il vient à la rencontre de ces hommes au cœur de leur travail de pêcheurs. Il les appelle à faire œuvre commune avec lui parce qu'il a besoin d'eux pour travailler à la construction d'un royaume de justice et de paix.
Jésus vient à la rencontre de chacun de nous dans notre travail, dans notre vie ordinaire pour faire route avec lui.

~

En ce dimanche de la Parole voulu par le pape François, comment prendre davantage le temps pour écouter la Parole ?

Est-ce que je porte attention au travail de la Parole en moi et dans la communauté ? ■

Prions en Église junior

LIRE L'ÉVANGILE AVEC LES ENFANTS

CE QUE JE DÉCOUVRE

Pour accueillir Dieu, il faut préparer et changer son cœur. Il est temps pour Jésus d'annoncer cela à tous ceux qui cherchent Dieu. C'est pour eux, d'abord, que **Jésus vient apporter la lumière.** Cette lumière, c'est lui et sa parole. Il est venu sur terre pour nous apprendre à aimer pour de vrai ! Quand tu vois quelqu'un qui a un visage sombre ou triste, apporte-lui ta joie. C'est déjà la lumière de Jésus qui vient nous sauver.

CE QUE JE VIS

Est-ce qu'un adulte t'a déjà confié une mission ou une responsabilité ?
Connais-tu des personnes qui ne croient pas en Dieu ?
Que leur dirais-tu pour leur parler de Jésus ?
Avant de dormir, récite le Notre Père.

Texte : Cédric Kuntz. Illustrations : Marcelino Truong

MÉDITATION BIBLIQUE

3E DIMANCHE DU TEMPS ORDINAIRE

Évangile selon saint Matthieu (4, 12-23)

Apprendre de Jésus la vraie liberté

Dans l'évangile de ce jour, à quoi nous incite Jésus si ce n'est au discernement du moment juste, à l'adéquation de notre agir avec la mission que le Père nous confie ?

Le temps de la préparation

« Tu as ouvert mes oreilles [...], alors j'ai dit : "Voici je viens." » (Ps 39, 7. 8)

Le temps de l'observation

Jésus ne s'expose pas inutilement à la violence humaine : ici, à celle d'Hérode qui s'en est pris au Précurseur. L'évangile de Jean dirait que son heure n'est pas encore venue. Jésus sait quelle est sa mission : proclamer la Bonne Nouvelle du Règne qui s'approche en sa personne, guérir les malades, chasser les esprits mauvais. Ce qui le conduit à se mettre en retrait, à se séparer de son univers familier ; et cette fuite ne relève pas de la lâcheté. Le lieu de résidence choisi par le Christ est l'endroit le plus déconsidéré de la Palestine d'alors : la Galilée étant une terre de mélange ...

…ethnique et de syncrétisme religieux. Ce faisant, Jésus accomplit l'oracle prophétique d'Isaïe dans la première lecture. C'est précisément à ce peuple assis dans les ténèbres de l'ignorance qu'il vient apporter la lumière. Une thématique que Matthieu a déjà amorcée avec le récit de la visite des mages guidés par une étoile.

Le temps de la méditation

Le Premier Testament recèle nombre d'oracles prophétiques annonçant la lumière messianique, une lumière qui viendra éclairer toutes les ténèbres humaines, celles d'Israël et celles des nations. Rappelons que, pour la Bible, Dieu est Soleil de justice (cf. Ml 3, 20), que le Verbe est la lumière du monde (cf. Jn 1, 9 ; 8, 12). Et c'est à sa lumière que nous pouvons apprendre, nous aussi, à discerner la route à suivre ici et maintenant, à ne pas nous laisser submerger par les émotions – ce que Jésus aurait pu faire en apprenant la mort de son cousin Jean Baptiste –, à savoir prendre le temps de retrait nécessaire pour être fidèles à notre mission. D'ailleurs, l'heure viendra où Jésus ne se soustraira pas à la violence des hommes et il en est de même pour nous. Alors, laissons-nous enseigner, par l'Esprit et la vie de Jésus, cette liberté qui est tout à la fois un don et le fruit d'un travail sur nous-mêmes pour reconnaître notre aveuglement et consentir à notre guérison.

Le temps de la prière

« Ouvre mes yeux, Seigneur, aux merveilles de ton amour » (Hymne GP79). ■

Emmanuelle Billoteau, ermite

PARTAGE BIBLIQUE

Environ 45 minutes

Une bible ou Prions en Église, page 157

« Que soit accomplie la parole d'Isaïe » (Mt 4, 12-23)

Lire

Découvrons comment Jésus débute son ministère de la Parole en Galilée.

Comprendre le texte

L'arrestation de Jean Baptiste conduit Jésus à se rendre à Capharnaüm sur les rives du lac de Galilée. C'est là qu'il inaugure son ministère. Il proclame la Bonne Nouvelle, guérit toutes sortes de maladies et attire les foules. Pour Matthieu, le Christ devient la clé de lecture des Écritures, notamment quand il interprète le prophète Isaïe. Le passage cité par Matthieu évoque le peuple d'Israël qui préfère se défendre contre un envahisseur en faisant une alliance avec un autre ennemi, l'Assyrie. Celui-ci en profitera pour envahir le nord du pays, à commencer par les terres de Zabulon et de Nephtali (en 733 avant J.-C.). La prédication de Jésus se trouve condensée en un seul verset (17) : c'est sans doute l'homélie la plus courte qui soit ! Sans transition, Jésus •••

PARTAGE BIBLIQUE (SUITE) QUE SOIT ACCOMPLIE LA PAROLE D'ISAÏE

... appelle les quatre premiers disciples. Effet immédiat : ces hommes laissent tout sur place et le suivent. Ce qui les constitue comme disciples n'est donc pas une prédisposition particulière ni une volonté de leur part, mais c'est l'appel reçu qui rencontre une réponse en retour. La prédication de Jésus peut à présent déborder la Galilée pour s'étendre à la Syrie, la Décapole et au-delà même. L'Évangile concerne désormais tous ceux qui souffrent.

Partager

- Comment l'appel à me tourner vers Dieu prend-il forme dans ma vie ?
- Comment puis-je transmettre la Bonne Nouvelle à mon entourage (ma famille, mes collègues de travail, mes amis) ?
- Quelle est la place que j'accorde à la parole de Dieu dans ma vie ?
- Quels sont les textes bibliques sur lesquels j'aime revenir et pourquoi ?

Prier

Nous partageons chacun un passage biblique qui nous touche particulièrement. Nous chantons : *Les mots que tu nous dis* (EP 164). ■

Sylvain Gasser, prêtre assomptionniste

« Chanter un chant du Seigneur en terre étrangère » (Ps 137, 4)

Proposition de lectures

Psaume 137, 1-4 • Luc 23, 27-31

Prière

Dieu des opprimés,
ouvre nos yeux sur le mal
qui continue d'être infligé à nos sœurs et frères en Christ.
Que ton Esprit nous donne le courage
de chanter à l'unisson et d'élever nos voix
avec ceux dont la souffrance n'est pas entendue.
Nous te prions au nom de ton Fils Jésus.
Amen.

Temps ordinaire, *suggestion d'oraisons et d'antiennes n° 10*

Antienne d'ouverture

Le Seigneur est ma lumière et mon salut; de qui aurais-je crainte?
Le Seigneur est le rempart de ma vie; devant qui tremblerais-je?
Mes ennemis, mes adversaires perdent pied et succombent.
(Ps 26, 1-2)

Prière

Seigneur Dieu, source de tout bien, réponds sans te lasser à notre appel : inspire-nous de discerner ce qui est juste et dirige-nous pour que nous puissions l'accomplir. Par Jésus… ***— Amen.***

Lecture

de la lettre aux Hébreux (9, 15. 24-28)

« Il s'est offert une seule fois pour enlever les péchés de la multitude; il apparaîtra une seconde fois, pour le salut de ceux qui l'attendent »

Frères, le Christ est le médiateur d'une alliance nouvelle, d'un testament nouveau : puisque sa mort a permis le rachat des transgressions commises sous le premier Testament, ceux qui sont appelés peuvent recevoir l'héritage éternel jadis promis.
Car le Christ n'est pas entré dans un sanctuaire fait de main d'homme,

figure du sanctuaire véritable ; il est entré dans le ciel même, afin de se tenir maintenant pour nous devant la face de Dieu. Il n'a pas à s'offrir lui-même plusieurs fois, comme le grand prêtre qui, tous les ans, entrait dans le sanctuaire en offrant un sang qui n'était pas le sien ; car alors, le Christ aurait dû plusieurs fois souffrir la Passion depuis la fondation du monde. Mais en fait, c'est une fois pour toutes, à la fin des temps, qu'il s'est manifesté pour détruire le péché par son sacrifice. Et, comme le sort des hommes est de mourir une seule fois et puis d'être jugés, ainsi le Christ s'est-il offert une seule fois pour enlever les péchés de la multitude ; il apparaîtra une seconde fois, non plus à cause du péché, mais pour le salut de ceux qui l'attendent.
– Parole du Seigneur.

Psaume 97 (98)

℟ ***Chantez au Seigneur un chant nouveau, car il a fait des merveilles.***

Chantez au Seigneur un chant nouveau,
car il a fait des merveilles ;
par son bras très saint,
par sa main puissante,
il s'est assuré la victoire. ℟

Le Seigneur a fait connaître sa victoire
et révélé sa justice aux nations ;
il s'est rappelé sa fidélité,
son amour,
en faveur de la maison d'Israël. ℟

La terre tout entière a vu
la victoire de notre Dieu.
Acclamez le Seigneur, terre entière,
sonnez, chantez, jouez ! ℟

Jouez pour le Seigneur sur la cithare,
sur la cithare et tous les instruments ;
au son de la trompette et du cor,
acclamez votre roi, le Seigneur ! ℟

Acclamation de l'Évangile

Alléluia. Alléluia. Notre Sauveur, le Christ Jésus, a détruit la mort ; il a fait resplendir la vie par l'Évangile. ***Alléluia.***

Évangile de Jésus Christ

selon saint Marc (3, 22-30)

« C'en est fini de Satan »

En ce temps-là, les scribes, qui étaient descendus de Jérusalem, disaient : « Ce Jésus est possédé par Béelzéboul ; c'est par le chef des démons qu'il expulse les démons. » Les appelant près de lui, Jésus leur dit en parabole : « Comment Satan peut-il expulser Satan ? Si un royaume est divisé contre lui-même, ce royaume ne peut pas tenir. Si les gens d'une même maison se divisent entre eux, ces gens ne pourront pas tenir. Si Satan s'est dressé contre lui-même, s'il est divisé, il ne peut pas tenir ; c'en est fini de lui. Mais personne ne peut entrer dans la maison d'un homme fort et piller ses biens, s'il ne l'a d'abord ligoté. Alors seulement il pillera sa maison. Amen, je vous le dis : Tout sera pardonné aux enfants des hommes : leurs péchés et les blasphèmes qu'ils auront proférés. Mais si quelqu'un blasphème contre l'Esprit Saint, il n'aura jamais de pardon*. Il est coupable d'un péché pour toujours. » Jésus parla ainsi parce qu'ils avaient dit : « Il est possédé par un esprit impur. »

Prière sur les offrandes

Regarde favorablement tes serviteurs, Seigneur, nous t'en prions : que notre offrande soit pour toi un présent agréable et nous fasse grandir en charité. Par le Christ, notre Seigneur. **– *Amen.***

Antienne de la communion

Le Seigneur est ma forteresse,
mon refuge et mon libérateur.
Mon Dieu vient à mon aide.
(cf. Ps 17, 2-3)

OU

Dieu est amour : qui demeure
dans l'amour demeure en Dieu,
et Dieu demeure en lui.
(1 Jn 4, 16)

Prière après la communion

Par ta force de guérison, Seigneur, dans ta bonté, libère-nous de nos égarements, et conduis-nous sur le droit chemin. Par le Christ, notre Seigneur. **– *Amen.***

INVITATION

L'Abbé Pierre rejoignait le Père il y a 15 ans. Je peux me renseigner sur les communautés Emmaüs près de chez moi.

COMMENTAIRE

Le temps de l'amour

En cette Semaine de prière pour l'unité des chrétiens, Jésus appelle ses contemporains à travailler à l'harmonie entre les hommes et entre leurs communautés. L'unité à laquelle le Seigneur nous invite demande une conversion : de la division à la communion, de l'unité blessée à celle rétablie et pleine, pour que nos œuvres témoignent de lui là où nous vivons. Cette passion pour la fraternité nous redit que seul l'amour rassemble. ■

***Jean-Paul Musangania,** prêtre assomptionniste*

❊ CLÉ DE LECTURE

« Jamais de pardon »

Marc 3, 29 *(p. 172)*

Considérer qu'il existe un péché impardonnable, le « péché contre l'Esprit », n'est-ce pas contredire la Bonne Nouvelle de la miséricorde infinie de Dieu ? Le texte se situe dans une controverse où Jésus se prononce contre toutes les forces et les formes du Mal. C'est la vérité même de Dieu qui est en question : peut-il y avoir en Dieu une compromission avec ce qui détruit l'être humain ? Tel serait le péché contre l'Esprit : croire que Dieu compose avec le mal, quel qu'il soit. Certes, Jésus rappelle que, devant le pardon infini, chacun reste libre de choisir. Dieu aime les hommes au point de leur laisser la liberté de le rejeter. Mais il ne nous revient pas de juger qui a refusé ou accueilli dans sa vie et dans sa mort l'offre toujours renouvelée. ■

***Roselyne Dupont-Roc,** bibliste*

« Chaque fois que vous l'avez fait à l'un de ces plus petits [...], c'est à moi que vous l'avez fait »

(Mt 25, 40)

Proposition de lectures

Ézékiel 34, 15-20 **.** Matthieu 25, 31-40

Prière

Dieu d'amour,
nous te rendons grâce pour la sollicitude
et l'amour sans fin que tu nous offres.
Aide-nous à chanter des chants de rédemption.
Ouvre grand nos cœurs, afin que nous puissions
recevoir ton amour et offrir à notre tour ta compassion
à l'ensemble de la famille humaine.
Nous te prions au nom de Jésus. Amen.

MARDI 24 JANVIER 2023

3E SEMAINE DU TEMPS ORDINAIRE COULEUR LITURGIQUE : BLANC

Saint François de Sales

1567-1622. L'un des grands esprits de son temps : évêque de Genève-Annecy, prédicateur, écrivain, cofondateur de l'ordre de la Visitation. Docteur de l'Église depuis 1877.

Antienne d'ouverture

Voici l'intendant fidèle et avisé que le maître a établi sur sa maison, pour donner à chacun, en temps voulu, sa part de blé. (cf. Lc 12, 42)

OU

Je m'occuperai de mes brebis, je veillerai sur elles,
dit le Seigneur, je susciterai à leur tête un seul berger.
Moi, le Seigneur, je serai leur Dieu. (cf. Ez 34, 11. 23-24)

Prière

Seigneur Dieu, pour le salut des âmes, tu as voulu que l'évêque saint François de Sales devienne le serviteur de tous en toutes choses ; dans ta bonté, accorde-nous, à son exemple, de manifester toujours ta douce charité dans le service fraternel. Par Jésus… — ***Amen.***

Lecture

de la lettre aux Hébreux (10, 1-10)

« Me voici, je suis venu, mon Dieu, pour faire ta volonté »

Frères, la loi de Moïse ne présente que l'ébauche des biens à venir, et non pas l'expression même des réalités. Elle n'est donc jamais capable, par ses sacrifices qui sont toujours les mêmes, offerts indéfiniment

chaque année, de mener à la perfection ceux qui viennent y prendre part. Si ce culte les avait purifiés une fois pour toutes, ils n'auraient plus aucun péché sur la conscience et, dans ce cas, n'aurait-on pas cessé d'offrir les sacrifices ? Mais ceux-ci, au contraire, comportent chaque année un rappel des péchés. Il est impossible, en effet, que du sang de taureaux et de boucs enlève les péchés. Aussi, en entrant dans le monde, le Christ dit : *Tu n'as voulu ni sacrifice ni offrande, mais tu m'as formé un corps. Tu n'as pas agréé les holocaustes ni les sacrifices pour le péché ; alors, j'ai dit : Me voici, je suis venu, mon Dieu, pour faire ta volonté, ainsi qu'il est écrit de moi dans le Livre.* Le Christ commence donc par dire : *Tu n'as pas voulu ni agréé les sacrifices et les offrandes, les holocaustes et les sacrifices pour le péché,* ceux que la Loi prescrit d'offrir. Puis il déclare : *Me voici, je suis venu pour faire ta volonté.* Ainsi, il supprime le premier état de choses pour établir le second. Et c'est grâce à cette volonté que nous sommes sanctifiés, par l'offrande que Jésus Christ a faite de son corps*, une fois pour toutes.
– Parole du Seigneur.

Psaume 39 (40)

℟ ***Me voici, Seigneur, je viens faire ta volonté.***

D'un grand espoir, j'espérais le Seigneur :
il s'est penché vers moi.
Dans ma bouche il a mis un chant nouveau,
une louange à notre Dieu. ℟

Tu ne voulais ni offrande ni sacrifice,
tu as ouvert mes oreilles ;
tu ne demandais ni holocauste ni victime,
alors j'ai dit : « Voici, je viens. » ℟

J'annonce la justice
dans la grande assemblée ;
vois, je ne retiens pas mes lèvres,
Seigneur, tu le sais. ℟

Je n'ai pas enfoui ta justice au fond de mon cœur,
je n'ai pas caché ta fidélité, ton salut ;
j'ai dit ton amour et ta vérité
à la grande assemblée. ℟

Acclamation de l'Évangile

Alléluia. Alléluia. Tu es béni, Père, Seigneur du ciel et de la terre, tu as révélé aux tout-petits les mystères du Royaume ! ***Alléluia.***

Évangile de Jésus Christ

selon saint Marc (3, 31-35)

« Celui qui fait la volonté de Dieu,
celui-là est pour moi un frère, une sœur, une mère »

En ce temps-là, comme Jésus était dans une maison, arrivent sa mère et ses frères. Restant au-dehors, ils le font appeler. Une foule était assise autour de lui ; et on lui dit : « Voici que ta mère et tes frères sont là dehors : ils te cherchent. » Mais il leur répond : « Qui est ma mère ? qui sont mes frères ? » Et parcourant du regard ceux qui étaient assis en cercle autour de lui, il dit : « Voici ma mère et mes frères. Celui qui fait la volonté de Dieu, celui-là est pour moi un frère, une sœur, une mère. »

Prière sur les offrandes

Nous t'offrons, Seigneur, le sacrifice qui nous sauve : par lui, embrase-nous du feu de l'Esprit Saint qui brûlait admirablement le cœur très doux de saint François. Par le Christ, notre Seigneur. **— *Amen.***

Antienne de la communion

Heureux ce serviteur que le maître,
quand il arrivera et frappera
à la porte, trouvera en train de veiller.
(cf. Lc 12, 36-37)

OU

Ce n'est pas vous qui m'avez choisi,
dit le Seigneur, c'est moi
qui vous ai choisis et établis,
afin que vous alliez, que vous portiez
du fruit, et que votre fruit demeure.
(cf. Jn 15, 16)

Prière après la communion

Par le sacrement que nous avons reçu, accorde-nous, Dieu tout-puissant, d'imiter sur la terre la douceur et la charité de saint François, pour obtenir avec lui la gloire du ciel. Par le Christ, notre Seigneur. **— *Amen.***

INVITATION

« Tu as ouvert mes oreilles », dit le psaume. Et si je partageais avec un adolescent une idée de podcast à écouter, qui apporte de l'espérance ?

COMMENTAIRE

Maison du bon Dieu

Marc 3, 31-35

« Celui qui fait la volonté de Dieu, celui-là est pour moi un frère, une sœur, une mère. » Jésus rompt avec une conception de la fraternité basée uniquement sur le sang ou sur la lignée. Il nous offre un lien plus essentiel, qui nous fait entrer dans le cercle vertueux toujours ouvert de ceux qui se mettent à l'écoute de sa parole. Agir ainsi ravive notre communion vécue avec son Père, quels que soient nos moments d'incertitude ou même d'égarement. ■

Jean-Paul Musangania, *prêtre assomptionniste*

❊ CLÉ DE LECTURE

« L'offrande [...] de son corps »

Hébreux 10, 10 *(p. 177)*

Citant le psaume 39, la lettre aux Hébreux rappelle le rejet par Dieu des sacrifices offerts au Temple, qui voilent l'hypocrisie de ceux qui vivent dans l'injustice. Le psalmiste présente alors à Dieu sa propre personne : « Voici je viens » (Ps 39 [40], 8). Il vient faire la volonté de Dieu, proclamer devant l'assemblée du peuple son exigence de justice et de vérité. Pour l'auteur de l'épître aux Hébreux, Jésus a mené à la perfection cette mise à disposition de soi pour ramener les humains sous la miséricorde de Dieu. On aurait tort de lier ce don de soi à sa mort seulement, comme s'il s'agissait d'un nouveau sacrifice sanglant. Son « corps » – que Dieu a formé –, c'est sa personne vivante, sa vie tout entière livrée aux hommes pour les réajuster définitivement à Dieu. ■

Roselyne Dupont-Roc, *bibliste*

Ce qui est aujourd'hui ne doit pas obligatoirement le rester

Proposition de lectures

Job 5, 11-16 . Luc 1, 46-55

Prière

Dieu de l'espérance,
aide-nous à nous souvenir que tu es près de nous
quand nous souffrons.
Aide-nous à incarner l'espérance les uns
pour les autres quand le désespoir s'installe
à nouveau dans notre cœur.
Accorde-nous le don d'être ancrés
dans ton Esprit d'amour quand ensemble nous œuvrons
pour éradiquer toutes les formes d'oppression et d'injustice.
Donne-nous le courage d'aimer ce que tu aimes,
qui tu aimes et comme tu aimes, et d'exprimer
cet amour à travers nos actes.
Par le Christ notre Seigneur.
Amen.

MERCREDI 25 JANVIER 2023

COULEUR LITURGIQUE : BLANC

La conversion de saint Paul

Sur la route de Damas, le Christ ressuscité se révèle à Saul, intransigeant défenseur de la tradition hébraïque, et le change en l'apôtre Paul, qui portera le message chrétien hors des milieux juifs.

Antienne d'ouverture

Je sais en qui j'ai cru ; et j'ai la conviction qu'il est assez puissant pour sauvegarder, jusqu'au jour de sa venue le dépôt de la foi qu'il m'a confié, lui, le juste juge. (cf. 2 Tm 1, 12 ; 4, 8)

Gloire à Dieu *(p. 233)*

Prière

Seigneur Dieu, tu as instruit le monde entier par la prédication du bienheureux apôtre Paul dont nous célébrons aujourd'hui la conversion ; accorde-nous d'aller vers toi en suivant les exemples qu'il nous donne, et d'être ainsi pour le monde les témoins de ta vérité. Par Jésus… — ***Amen.***

Lectures propres à la fête de la conversion de saint Paul.

Lecture

du livre des Actes des Apôtres (22, 3-16)

« Lève-toi et reçois le baptême, sois lavé de tes péchés en invoquant le nom de Jésus »

En ces jours-là, Paul dit au peuple : « Je suis juif, né à Tarse en Cilicie, mais élevé ici dans cette ville, où, à l'école de Gamaliel, j'ai reçu une éducation strictement conforme à la Loi de nos pères ; j'avais pour Dieu une ardeur

jalouse, comme vous tous aujourd'hui. J'ai persécuté à mort ceux qui suivent le Chemin du Seigneur Jésus; j'arrêtais hommes et femmes, et les jetais en prison; le grand prêtre et tout le collège des anciens peuvent en témoigner. Ces derniers m'avaient donné des lettres pour nos frères de Damas où je me rendais : je devais ramener à Jérusalem, ceux de là-bas, enchaînés, pour qu'ils subissent leur châtiment. Donc, comme j'étais en route et que j'approchais de Damas, soudain vers midi, une grande lumière venant du ciel m'enveloppa de sa clarté. Je tombai sur le sol, et j'entendis une voix me dire : "Saul, Saul, pourquoi me persécuter?" Et moi je répondis : "Qui es-tu, Seigneur? – Je suis Jésus le Nazaréen, celui que tu persécutes." Ceux qui étaient avec moi virent la lumière, mais n'entendirent pas la voix de celui qui me parlait. Alors je dis : "Que dois-je faire, Seigneur?" Le Seigneur me répondit : "Relève-toi, va jusqu'à Damas, et là on te dira tout ce qu'il t'est prescrit de faire."

« Comme je n'y voyais plus rien, à cause de l'éclat de cette lumière, je me rendis à Damas, conduit par la main de mes compagnons. Or, Ananie, un homme religieux selon la Loi, à qui tous les Juifs résidant là rendaient un bon témoignage, vint se placer près de moi et me dit : "Saul, mon frère, retrouve la vue." Et moi, au même instant, je retrouvai la vue, et je le vis. Il me dit encore : "Le Dieu de nos pères t'a destiné à connaître sa volonté, à voir celui qui est le Juste et à entendre la voix qui sort de sa bouche. Car tu seras pour lui, devant tous les hommes, le témoin de ce que tu as vu et entendu. Et maintenant, pourquoi tarder? Lève-toi et reçois le baptême, sois lavé de tes péchés en invoquant son nom." » – Parole du Seigneur.

On peut aussi lire Actes 9, 1-22.

Psaume 116 (117)

℟ ***Allez dans le monde entier. Proclamez l'Évangile.***
ou ***Alléluia.***

Louez le Seigneur, tous les peuples ;
fêtez-le, tous les pays ! ℟

Son amour envers nous
s'est montré le plus fort ;
éternelle est la fidélité du Seigneur ! ℟

Acclamation de l'Évangile

Alléluia. Alléluia. C'est moi qui vous ai choisis du milieu du monde, afin que vous alliez, que vous portiez du fruit, et que votre fruit demeure, dit le Seigneur. ***Alléluia.***

Évangile de Jésus Christ

selon saint Marc (16, 15-18)

« Allez dans le monde entier, proclamez l'Évangile »

En ce temps-là, Jésus ressuscité se manifesta aux onze Apôtres et leur dit : « Allez dans le monde entier. Proclamez l'Évangile à toute la création. Celui qui croira et sera baptisé sera sauvé ; celui qui refusera de croire sera condamné. Voici les signes qui accompagneront ceux qui deviendront croyants : en mon nom, ils expulseront les démons ; ils parleront en langues nouvelles ; ils prendront des serpents dans leurs mains et, s'ils boivent un poison mortel, il ne leur fera pas de mal ; ils imposeront les mains aux malades, et les malades s'en trouveront bien. »

Prière sur les offrandes

Tandis que nous célébrons tes mystères, Seigneur, que ton Esprit Saint répande sur nous la lumière de la foi, dont il n'a cessé d'éclairer le bienheureux apôtre Paul, pour que rayonne ta gloire. Par le Christ, notre Seigneur. – ***Amen.***

Prière eucharistique

(1re préface des Apôtres)

Vraiment, il est juste et bon, pour ta gloire et notre salut, de t'offrir notre action de grâce, toujours et en tout lieu, Seigneur, Père très saint, Dieu éternel et tout-puissant. Tu n'abandonnes pas ton troupeau, Pasteur éternel, mais tu le gardes par les bienheureux Apôtres sous ta constante protection, pour qu'il soit dirigé par ceux-là mêmes que tu as établis à sa tête comme pasteurs au nom de ton Fils. C'est pourquoi, avec les anges et les archanges, avec les puissances d'en haut et tous les esprits bienheureux, nous chantons l'hymne de ta gloire et sans fin nous proclamons : ***Saint ! Saint ! Saint...***

Antienne de la communion

Je vis dans la foi au Fils de Dieu
qui m'a aimé
et s'est livré lui-même
pour moi.
(cf. Ga 2, 20)

Prière après la communion

Seigneur notre Dieu, que le sacrement reçu attise en nous le feu de la charité dont l'ardeur enflammait le bienheureux apôtre Paul et lui faisait porter le souci de toutes les Églises. Par le Christ, notre Seigneur. – ***Amen.***

INVITATION

L'octave de prière pour l'unité des chrétiens s'achève. Quelle relecture puis-je faire de ma relation avec mes frères et sœurs chrétiens ?

COMMENTAIRE

Cri de foi

Marc 16, 15-18

« Allez dans le monde entier. Proclamez l'Évangile à toute la création. » Cet appel de Jésus est encore vrai aujourd'hui. « Annoncer, c'est crier sa foi. Annoncer, ce n'est pas un message à garder dans le huis clos », nous avertit le pape François dans une de ses homélies (textes réunis dans *La mission*, Mame, p. 17). Annoncer, c'est sortir dans la rue, sur nos places, pour rencontrer ceux qu'il nous coûte le plus de rejoindre. Comment partageons-nous l'Évangile que nous avons reçu et qui nous fait vivre ? ■

***Jean-Paul Musangania,** prêtre assomptionniste*

La justice qui rétablit la communion

Proposition de lectures

Psaume 81 (82), 1-4 • Luc 18, 1-8

Prière

Seigneur Dieu, toi qui es Créateur et Sauveur
de toutes choses, apprends-nous à regarder
en nous pour nous enraciner dans ton Esprit d'amour,
afin que nous puissions nous ouvrir
aux autres avec sagesse et courage en choisissant
toujours la voie de l'amour et de la justice.
Nous t'en prions au nom de ton Fils,
Jésus Christ, dans l'unité du Saint-Esprit.
Amen.

JEUDI 26 JANVIER 2023

COULEUR LITURGIQUE : BLANC

Saint Timothée et saint Tite

Ier siècle. Deux des plus fidèles disciples de saint Paul qui leur adressa des épîtres pastorales figurant dans le Nouveau Testament.

Antienne d'ouverture

Annoncez parmi les nations la gloire du Seigneur,
chez tous les peuples ses merveilles, car il est grand,
le Seigneur, hautement loué ! (Ps 95, 3-4)

Prière

Seigneur Dieu, dans les bienheureux Timothée et Tite, tu as fait rayonner les vertus des Apôtres ; accorde-nous, par leur intercession, de vivre dans ce monde avec justice et piété pour que nous méritions de parvenir au ciel, notre patrie. Par Jésus… — ***Amen.***

Lectures propres à la mémoire de saint Timothée et saint Tite.

Lecture

de la deuxième lettre de saint Paul apôtre à Timothée (1, 1-8)

« J'ai souvenir de la foi sincère qui est en toi »

Paul, apôtre du Christ Jésus par la volonté de Dieu, selon la promesse de la vie que nous avons dans le Christ Jésus, à Timothée, mon enfant bien-aimé. À toi, la grâce, la miséricorde et la paix de la part de Dieu le Père et du Christ Jésus notre Seigneur. Je suis plein de gratitude envers Dieu, à qui je rends un culte avec une conscience pure, à la suite

de mes ancêtres, je lui rends grâce en me souvenant continuellement de toi dans mes prières, nuit et jour. Me rappelant tes larmes, j'ai un très vif désir de te revoir pour être rempli de joie. J'ai souvenir de la foi sincère qui est en toi : c'était celle qui habitait d'abord Loïs, ta grand-mère, et celle d'Eunice, ta mère, et j'ai la conviction que c'est aussi la tienne. Voilà pourquoi, je te le rappelle, ravive le don gratuit de Dieu, ce don qui est en toi depuis que je t'ai imposé les mains. Car ce n'est pas un esprit de peur que Dieu nous a donné, mais un esprit de force, d'amour et de pondération. N'aie donc pas honte de rendre témoignage à notre Seigneur, et n'aie pas honte de moi, qui suis son prisonnier ; mais, avec la force de Dieu, prends ta part des souffrances liées à l'annonce de l'Évangile. – Parole du Seigneur.

On peut aussi lire la lettre de saint Paul à Tite 1, 1-5.

Psaume 95 (96)

℟ ***Racontez à tous les peuples les merveilles du Seigneur !***

Chantez au Seigneur un chant nouveau,
chantez au Seigneur, terre entière,
chantez au Seigneur
et bénissez son nom ! ℟

De jour en jour, proclamez son salut,
racontez à tous les peuples sa gloire,
à toutes les nations ses merveilles ! ℟

Rendez au Seigneur, familles des peuples,
rendez au Seigneur la gloire et la puissance,
rendez au Seigneur la gloire de son nom. ℟

Adorez le Seigneur, éblouissant de sainteté :
tremblez devant lui, terre entière.
Allez dire aux nations :
« Le Seigneur est roi ! » ℟

Acclamation de l'Évangile

Alléluia. Alléluia. Le Seigneur m'a envoyé porter la Bonne Nouvelle aux pauvres, annoncer aux captifs leur libération. ***Alléluia.***

Évangile de Jésus Christ

selon saint Luc (10, 1-9)

« La moisson est abondante, mais les ouvriers sont peu nombreux »

En ce temps-là, parmi les disciples, le Seigneur en désigna encore 72, et il les envoya deux par deux, en avant de lui, en toute ville et localité où lui-même allait se rendre. Il leur dit : « La moisson est abondante*, mais les ouvriers sont peu nombreux. Priez donc le maître de la moisson d'envoyer des ouvriers pour sa moisson. Allez ! Voici que je vous envoie comme des agneaux au milieu des loups. Ne portez ni bourse, ni sac, ni sandales, et ne saluez personne en chemin. Mais dans toute maison où vous entrerez, dites d'abord : "Paix à cette maison." S'il y a là un ami de la paix, votre paix ira reposer sur lui ; sinon, elle reviendra sur vous. Restez dans cette maison, mangeant et buvant ce que l'on vous sert ; car l'ouvrier mérite son salaire. Ne passez pas de maison en maison. Dans toute ville où vous entrerez et où vous serez accueillis, mangez ce qui vous est présenté. Guérissez les malades qui s'y trouvent et dites-leur : "Le règne de Dieu s'est approché de vous." »

Prière sur les offrandes

Nous t'en prions, Seigneur, accueille les offrandes que ton peuple te présente en la fête des bienheureux Timothée et Tite ; et, dans ta bonté, donne-nous un cœur pur qui te soit agréable. Par le Christ, notre Seigneur. **— *Amen.***

Antienne de la communion

Allez dans le monde entier,
proclamez l'Évangile :
moi, je suis avec vous tous les jours,
dit le Seigneur.
(Mc 16, 15 ; Mt 28, 20)

Prière après la communion

Seigneur notre Dieu, que le sacrement reçu nourrisse en nous la foi enseignée par la prédication des Apôtres et gardée avec sollicitude par les bienheureux Timothée et Tite. Par le Christ, notre Seigneur. **— *Amen.***

INVITATION

En entrant chez un ami, un voisin, une personne de ma famille, aujourd'hui, je peux souhaiter : « Paix à cette maison. »

COMMENTAIRE

Une fine équipe

Luc 10, 1-9

« Il les envoya deux par deux. » L'évangélisation, première mission de l'Église, n'est pas une affaire individuelle. Elle s'appuie sur le travail en équipe et requiert des acteurs qui s'engagent avec courage et générosité, comme des abeilles qui font du miel avec les fleurs de leur temps. Comment inventons-nous aujourd'hui, aux côtés de nos frères et sœurs, des mots et des gestes pour porter à tous nos contemporains le message du salut ? ■

Jean-Paul Musangania, *prêtre assomptionniste*

✲ CLÉ DE LECTURE

« La moisson est abondante »

Luc 10, 2 *(p. 190)*

L'image est déjà présente chez les prophètes, pour qui la moisson évoque souvent le jugement de Dieu. Jean Baptiste avait annoncé la venue de « celui qui est plus fort que [lui], prêt à vanner le blé pour séparer le grain de la balle » (cf. Lc 3, 16-17). Mais Jésus reprend l'image et la transforme : il l'applique à la mission des disciples qu'il envoie annoncer la paix et la venue du règne de Dieu. La mission prend alors un caractère nouveau : l'abondance de la moisson ne doit rien aux hommes, elle est l'œuvre de Dieu qui appelle largement. Les disciples doivent moissonner ce qu'ils n'ont pas semé, ils recueillent la générosité d'un autre. Ils n'ont rien à imposer, ils n'ont pas à juger. Envoyés par Jésus, ils seront comme lui accueillis ou rejetés. Leur foi ne devra pas chanceler. ■

Roselyne Dupont-Roc, *bibliste*

VENDREDI 27 JANVIER 2023

3E SEMAINE DU TEMPS ORDINAIRE COULEUR LITURGIQUE : VERT

Temps ordinaire, *suggestion d'oraisons et d'antiennes n° 11*
ou **sainte Angèle Mérici**

Antienne d'ouverture

Écoute, Seigneur, ma voix qui t'appelle !
Sois mon secours, ne m'abandonne pas,
ne me délaisse pas, Dieu, mon salut !
(cf. Ps 26, 7. 9)

Prière

Seigneur Dieu, force de ceux qui espèrent en toi, sois favorable à nos appels : puisque, mortels et fragiles, nous ne pouvons rien sans toi, donne-nous toujours le secours de ta grâce ; ainsi pourrons-nous, en observant tes commandements, vouloir et agir de manière à te plaire. Par Jésus… – ***Amen.***

Lecture

de la lettre aux Hébreux (10, 32-39)

« Vous avez soutenu le dur combat. Ne perdez pas votre assurance »

Frères, souvenez-vous de ces premiers jours où vous veniez de recevoir la lumière du Christ : vous avez soutenu alors le dur combat des souffrances, tantôt donnés en spectacle sous les insultes et les brimades, tantôt solidaires de ceux qu'on traitait ainsi. En effet, vous avez montré de la compassion à ceux qui étaient en prison ; vous avez accepté avec joie

22 - 28

qu'on vous arrache vos biens, car vous étiez sûrs de posséder un bien encore meilleur, et permanent.
Ne perdez pas votre assurance ; grâce à elle, vous serez largement récompensés. Car l'endurance vous est nécessaire pour accomplir la volonté de Dieu et obtenir ainsi la réalisation des promesses. En effet, encore un peu, très peu de temps, et celui qui doit venir arrivera, il ne tardera pas. Celui qui est juste à mes yeux par la foi vivra ; mais s'il abandonne, je ne trouve plus mon bonheur en lui. Or nous ne sommes pas, nous, de ceux qui abandonnent et vont à leur perte, mais de ceux qui ont la foi* et sauvegardent leur âme. – Parole du Seigneur.

Psaume 36 (37)

℟ ***Le salut des justes vient du Seigneur***

Fais confiance au Seigneur, agis bien,
habite la terre et reste fidèle ;
mets ta joie dans le Seigneur :
il comblera les désirs de ton cœur. ℟

Dirige ton chemin vers le Seigneur,
fais-lui confiance, et lui, il agira.
Il fera lever comme le jour ta justice,
et ton droit comme le plein midi. ℟

Quand le Seigneur conduit
les pas de l'homme,
ils sont fermes et sa marche lui plaît.
S'il trébuche, il ne tombe pas
car le Seigneur le soutient de sa main. ℟

Le Seigneur est le salut pour les justes,
leur abri au temps de la détresse.
Le Seigneur les aide et les délivre,
car ils cherchent en lui leur refuge. ℟

Acclamation de l'Évangile

Alléluia. Alléluia. Tu es béni, Père, Seigneur du ciel et de la terre, tu as révélé aux tout-petits les mystères du Royaume ! ***Alléluia.***

Évangile de Jésus Christ

selon saint Marc (4, 26-34)

« L'homme qui jette en terre la semence, qu'il dorme ou qu'il se lève, la semence grandit, il ne sait comment »

En ce temps-là, Jésus disait aux foules : « Il en est du règne de Dieu comme d'un homme qui jette en terre la semence : nuit et jour, qu'il dorme ou qu'il se lève, la semence germe et grandit, il ne sait comment. D'elle-même, la terre produit d'abord l'herbe, puis l'épi, enfin du blé plein l'épi. Et dès que le blé est mûr, il y met la faucille, puisque le temps de la moisson est arrivé. »

Il disait encore : « À quoi allons-nous comparer le règne de Dieu ? Par quelle parabole pouvons-nous le représenter ? Il est comme une graine de moutarde : quand on la sème en terre, elle est la plus petite de toutes les semences. Mais quand on l'a semée, elle grandit et dépasse toutes les plantes potagères ; et elle étend de longues branches, si bien que les oiseaux du ciel peuvent faire leur nid à son ombre. »

Par de nombreuses paraboles semblables, Jésus leur annonçait la Parole, dans la mesure où ils étaient capables de l'entendre. Il ne leur disait rien sans parabole, mais il expliquait tout à ses disciples en particulier.

Prière sur les offrandes

Seigneur Dieu, tu donnes à notre humanité la nourriture qui fortifie, et le sacrement qui renouvelle ; nous t'en prions : fais que ton secours ne manque jamais à nos corps et à nos esprits. Par le Christ, notre Seigneur. **— *Amen.***

Antienne de la communion

J'ai demandé une chose au Seigneur,
la seule que je cherche :
habiter la maison du Seigneur
tous les jours de ma vie.
(Ps 26, 4)

OU

Père saint, garde mes disciples unis
dans ton nom, le nom que tu m'as
donné, pour qu'ils soient un,
comme nous-mêmes, dit le Seigneur.
(Jn 17, 11)

Prière après la communion

Cette communion à tes mystères, Seigneur, préfigure l'union des fidèles en toi ; fais qu'elle produise un fruit d'unité dans ton Église. Par le Christ, notre Seigneur. **— *Amen.***

INVITATION

Je peux proposer à quelqu'un de mon entourage une balade en forêt pour observer les petites pousses comme les longues branches, la beauté de la Création, même en hiver.

COMMENTAIRE

Semons, il fera germer

Marc 4, 26-34

Comme une généreuse poignée de graines semées en terre, le royaume de Dieu est destiné à grandir. Mais pour espérer porter du fruit à la moisson, la germination du Royaume en nos vies exige un temps long, une persévérance dans les petits gestes d'amour semés autour de nous, offerts à un proche, à une personne en difficulté. Accueillons cette patience mûrissante. Sans nous décourager, laissons-nous conduire par l'habileté aimante du Seigneur. ■

Jean-Paul Musangania, *prêtre assomptionniste*

❊ CLÉ DE LECTURE

« Ceux qui ont la foi »

Hébreux 10, 39 *(p. 194)*

L'auteur de la lettre aux Hébreux identifie, ici, la foi avec l'endurance, la capacité à résister à la persécution à la suite du Christ. Pourtant une traduction plus fidèle serait « ceux qui relèvent de la foi ». Suivie de la citation du prophète Habacuc (cf. Ha 2, 4), elle montre que la foi est une réalité plus large. « Celui qui est juste à mes yeux par la foi vivra » : ces phrases ne précisent pas s'il s'agit de la confiance du juste envers Dieu ou de la fidélité de Dieu à son égard, la confiance que Dieu lui fait. Car la foi est d'abord la confiance que Dieu fait à l'humanité, en son Fils Jésus, le juste, qui s'est livré aux hommes jusqu'au bout, fidèle au Père dont l'amour est sûr. C'est dans cette confiance première que chacun de nous est appelé à entrer à la suite du Christ. ■

Roselyne Dupont-Roc, *bibliste*

SAMEDI 28 JANVIER 2023

3ᴱ SEMAINE DU TEMPS ORDINAIRE COULEUR LITURGIQUE : BLANC

Saint Thomas d'Aquin

1225-1274. Dominicain, professeur en France et en Italie. Son œuvre monumentale et audacieuse a renouvelé la philosophie et la théologie de son temps.

Antienne d'ouverture

Les peuples raconteront la sagesse des saints, l'Église proclamera leurs louanges, et leur nom reste vivant pour toutes les générations. (cf. Si 44, 15. 14)

OU

Ceux qui ont l'intelligence resplendiront comme la splendeur du firmament, et ceux qui sont des maîtres de justice pour la multitude brilleront comme les étoiles pour toujours et à jamais. (cf. Dn 12, 3)

Prière

Seigneur Dieu, tu as fait de saint Thomas d'Aquin un modèle admirable par son désir ardent de sainteté et l'étude de la science sacrée ; accorde-nous de contempler par l'intelligence ce qu'il a enseigné et d'accomplir ce qu'il a lui-même pratiqué. Par Jésus… ***— Amen.***

Lecture

de la lettre aux Hébreux (11, 1-2. 8-19)

« Il attendait la ville dont Dieu lui-même est le bâtisseur et l'architecte »

Frères, la foi est une façon de posséder ce que l'on espère, un moyen de connaître des réalités qu'on ne voit pas. Et quand l'Écriture rend témoignage aux anciens, c'est à cause de leur foi.

Grâce à la foi, Abraham obéit à l'appel de Dieu : il partit vers un pays qu'il devait recevoir en héritage, et il partit sans savoir où il allait. Grâce à la foi, il vint séjourner en immigré dans la Terre promise, comme en terre étrangère; il vivait sous la tente, ainsi qu'Isaac et Jacob, héritiers de la même promesse, car il attendait la ville qui aurait de vraies fondations, la ville dont Dieu lui-même est le bâtisseur et l'architecte.

Grâce à la foi, Sara, elle aussi, malgré son âge, fut rendue capable d'être à l'origine d'une descendance parce qu'elle pensait que Dieu est fidèle à ses promesses. C'est pourquoi, d'un seul homme, déjà marqué par la mort, a pu naître une descendance aussi nombreuse que les étoiles du ciel et que le sable au bord de la mer, une multitude innombrable. C'est dans la foi, sans avoir connu la réalisation des promesses, qu'ils sont tous morts; mais ils l'avaient vue et saluée de loin, affirmant que, sur la terre, ils étaient des étrangers et des voyageurs. Or, parler ainsi, c'est montrer clairement qu'on est à la recherche d'une patrie. S'ils avaient songé à celle qu'ils avaient quittée, ils auraient eu la possibilité d'y revenir. En fait, ils aspiraient à une patrie meilleure, celle des cieux. Aussi Dieu n'a pas honte d'être appelé leur Dieu, puisqu'il leur a préparé une ville.

Grâce à la foi, quand il fut soumis à l'épreuve, Abraham offrit Isaac en sacrifice. Et il offrait le fils unique, alors qu'il avait reçu les promesses et entendu cette parole : *C'est par Isaac qu'une descendance portera ton nom.* Il pensait en effet que Dieu est capable même de ressusciter les morts; c'est pourquoi son fils lui fut rendu : il y a là une préfiguration.

– Parole du Seigneur.

Cantique Luc 1, 69-70, 71-72, 73-75

℟ ***Béni soit le Seigneur, le Dieu d'Israël, car il a visité son peuple.***

Il a fait surgir la force qui nous sauve
dans la maison de David, son serviteur,
comme il l'avait dit par la bouche des saints,
par ses prophètes,
depuis les temps anciens : ℟

salut qui nous arrache à l'ennemi,
à la main de tous nos oppresseurs,
amour qu'il montre envers nos pères,
mémoire de son alliance sainte, ℟

serment juré à notre père Abraham
de nous rendre sans crainte,
afin que, délivrés de la main des ennemis,
nous le servions dans la justice
et la sainteté, en sa présence,
tout au long de nos jours. ℟

Acclamation de l'Évangile

Alléluia. Alléluia. Dieu a tellement aimé le monde qu'il a donné son Fils unique, afin que ceux qui croient en lui aient la vie éternelle. ***Alléluia.***

Évangile de Jésus Christ

selon saint Marc (4, 35-41)

« Qui est-il donc, celui-ci, pour que même le vent et la mer lui obéissent ? »

Ce jour-là, le soir venu, Jésus dit à ses disciples : « Passons sur l'autre rive. » Quittant la foule, ils emmenèrent Jésus, comme il était, dans la barque, et d'autres barques l'accompagnaient.
Survient une violente tempête. Les vagues se jetaient sur la barque, si

bien que déjà elle se remplissait. Lui dormait sur le coussin à l'arrière. Les disciples le réveillent et lui disent : « Maître, nous sommes perdus ; cela ne te fait rien ? » Réveillé, il menaça le vent et dit à la mer : « Silence, tais-toi ! » Le vent tomba, et il se fit un grand calme. Jésus leur dit : « Pourquoi êtes-vous si craintifs ? N'avez-vous pas encore la foi ? » Saisis d'une grande crainte, ils se disaient entre eux : « Qui est-il donc, celui-ci, pour que même le vent et la mer lui obéissent ? »

Prière sur les offrandes

Tandis que nous célébrons tes mystères, Seigneur, que ton Esprit Saint répande sur nous la lumière de la foi, dont il n'a cessé d'éclairer saint Thomas d'Aquin pour que rayonne ta gloire. Par le Christ, notre Seigneur. ***— Amen.***

Antienne de la communion

Nous proclamons le Christ crucifié,
le Christ, puissance de Dieu
et sagesse de Dieu.
(cf. 1 Co 1, 23-24)

Prière après la communion

Déjà réconfortés par le pain du ciel, nous t'adressons, Seigneur, cette humble prière : qu'en suivant les leçons de saint Thomas d'Aquin, nous demeurions toujours dans l'action de grâce pour les dons que nous avons reçus. Par le Christ, notre Seigneur.
— Amen.

INVITATION

Je peux confier au Seigneur les chrétiens en grandes écoles rassemblés ce week-end, et tous les étudiants (voir p. 303) : qu'ils gardent confiance en leur avenir.

COMMENTAIRE

Maître, au secours ! Marc 4, 35-41

Notre foi à tous est parfois mise à l'épreuve dans les turbulences inévitables qui menacent nos vies : une maladie grave, la mort d'un être cher, la perte d'un emploi... Quand gronde la tempête, saurons-nous croire en Dieu malgré son silence apparent ? Quand nous sommes gagnés par la peur et l'impuissance, nous arrive-t-il de crier en toute assurance vers le Seigneur comme les disciples ? Osons-nous nous exclamer : « Maître, nous sommes perdus ! » ? ■

***Jean-Paul Musangania**, prêtre assomptionniste*

DIMANCHE 29 JANVIER 2023

4e DIMANCHE DU TEMPS ORDINAIRE

ANNÉE A – COULEUR LITURGIQUE : VERT

« Heureux les cœurs purs, car ils verront Dieu. » Matthieu 5, 8

Heureux les pauvres, heureux les faibles ! Le Seigneur leur porte un amour de prédilection, lui qui s'est fait pauvre pour nous enrichir de sa vie. Sachons entendre son appel. Car il nous promet le vrai bonheur, l'allégresse du Royaume. Et cette eucharistie nous invite à la table où Dieu rassemble celles et ceux qui ont faim de lui.

RITES INITIAUX

Chant d'entrée *(Suggestions p. 261)*

OU

Antienne d'ouverture

Sauve-nous, Seigneur notre Dieu ;
rassemble-nous du milieu des nations,
que nous rendions grâce à ton saint nom,
fiers de chanter ta louange ! (Ps 105, 47)

Suggestion de préparation pénitentielle *(ou p. 231)*

Frères et sœurs, préparons-nous à célébrer le mystère de l'eucharistie, en reconnaissant que nous avons péché.

Seigneur Jésus, envoyé par le Père, tu t'es fait Serviteur des plus petits, prends pitié de nous.

— Prends pitié de nous.

Ô Christ, venu appeler les pécheurs, tu ouvres ton royaume à tous les pauvres, prends pitié de nous.

— Prends pitié de nous.

Seigneur, vivant dans la gloire des Cieux, tu nous appelles à la vie éternelle, prends pitié de nous.

— Prends pitié de nous.

Que Dieu tout-puissant nous fasse miséricorde ; qu'il nous pardonne nos péchés et nous conduise à la vie éternelle. ***— Amen.***

Gloire à Dieu *(p. 233)*

(p. 233)

Prière

Accorde-nous, Seigneur notre Dieu, de pouvoir t'adorer de tout notre esprit, et d'avoir envers tous une vraie charité. Par Jésus… ***— Amen.***

LITURGIE DE LA PAROLE

Lecture du livre du prophète Sophonie (2, 3 ; 3, 12-13)

« Je laisserai chez toi un peuple pauvre et petit »

Cherchez le Seigneur, vous tous, les humbles du pays, qui accomplissez sa loi. Cherchez la justice, cherchez l'humilité : peut-être serez-vous à l'abri au jour de la colère du Seigneur. Je laisserai chez toi un peuple pauvre et petit ; il prendra pour abri le nom du Seigneur. Ce reste d'Israël ne commettra plus d'injustice ; ils ne diront plus de mensonge ; dans leur bouche, plus de langage trompeur. Mais ils pourront paître et se reposer, nul ne viendra les effrayer.

– Parole du Seigneur.

Psaume 145 (146)

℟ ***Heureux les pauvres de cœur, car le royaume des Cieux est à eux !***
OU ***Alléluia !***

T. : AELF ; M. : M. Wackenheim ; Éd. : ADF.

Le Seigneur fait justice aux opprimés,
aux affamés, il donne le pain,
le Seigneur délie les enchaînés. ℟

Le Seigneur ouvre les yeux des aveugles,
le Seigneur redresse les accablés,
le Seigneur aime les justes. ℟

Retrouvez ce psaume sur le CD "Les psaumes de l'année A"

Le Seigneur protège l'étranger,
il soutient la veuve et l'orphelin,
Le Seigneur est ton Dieu pour toujours. ℟

Lecture de la première lettre de saint Paul apôtre aux Corinthiens (1, 26-31)

« Ce qu'il y a de faible dans le monde, voilà ce que Dieu a choisi »

Frères, vous qui avez été appelés par Dieu, regardez bien : parmi vous, il n'y a pas beaucoup de sages aux yeux des hommes, ni de gens puissants ou de haute naissance. Au contraire, ce qu'il y a de fou dans le monde, voilà ce que Dieu a choisi, pour couvrir de confusion les sages ; ce qu'il y a de faible dans le monde, voilà ce que Dieu a choisi, pour couvrir de confusion ce qui est fort ; ce qui est d'origine modeste, méprisé dans le monde, ce qui n'est pas, voilà ce que Dieu a choisi, pour réduire à rien ce qui est ; ainsi aucun être de chair ne pourra s'enorgueillir devant Dieu. C'est grâce à Dieu, en effet, que vous êtes dans le Christ Jésus, lui qui est devenu pour nous sagesse venant de Dieu, justice, sanctification, rédemption. Ainsi, comme il est écrit : *Celui qui veut être fier, qu'il mette sa fierté dans le Seigneur.*

– Parole du Seigneur.

Acclamation de l'Évangile

Alléluia. Alléluia. Réjouissez-vous, soyez dans l'allégresse, car votre récompense est grande dans les cieux ! ***Alléluia.***

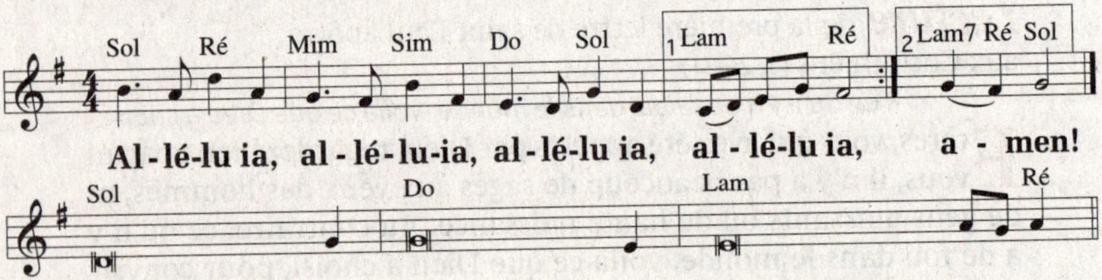

U 29 SM; M. : J.-J. Roux; Psalmodie : Bayard Liturgie; Michel Wackenheim.

Évangile de Jésus Christ selon saint Matthieu (5, 1-12a)

« Heureux les pauvres de cœur »

En ce temps-là, voyant les foules, Jésus gravit la montagne. Il s'assit, et ses disciples s'approchèrent de lui. Alors, ouvrant la bouche, il les enseignait. Il disait : « Heureux les pauvres de cœur, car le royaume des Cieux est à eux. Heureux ceux qui pleurent, car ils seront consolés. Heureux les doux, car ils recevront la terre en héritage. Heureux ceux qui ont faim et soif de la justice, car ils seront rassasiés. Heureux les miséricordieux, car ils obtiendront miséricorde. Heureux les cœurs purs, car ils verront Dieu. Heureux les artisans de paix, car ils seront appelés fils de Dieu.

Heureux ceux qui sont persécutés pour la justice, car le royaume des Cieux est à eux. Heureux êtes-vous si l'on vous insulte, si l'on vous persécute et si l'on dit faussement toute sorte de mal contre vous, à cause de moi. Réjouissez-vous, soyez dans l'allégresse, car votre récompense est grande dans les cieux ! »

Homélie

Profession de foi *(p. 234)*

Suggestion de prière universelle

Le prêtre :

Le Seigneur aime tous les hommes et veut, pour chacun, le bonheur. Prions notre Père pour tous nos frères et sœurs, confions-lui les cris de notre terre.

℟ ***Écoute nos prières, Seigneur, exauce-nous !***

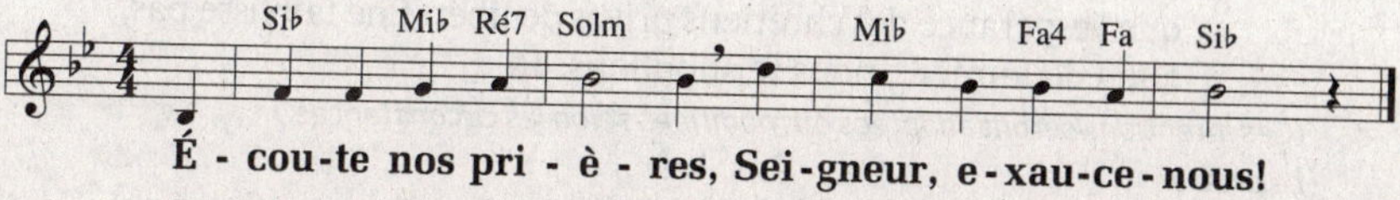

A 180; T. : J.-P. Lécot; M. : J.-S. Bach (Chants notés, t. 6, p. 36); Éd. Pierre Zech.

Le diacre ou un lecteur :

« Heureux les pauvres de cœur, car le royaume des Cieux est à eux. » L'Église doit annoncer une Parole qui est souvent à contre-courant de la société. Pour qu'elle témoigne fidèlement des valeurs de l'Évangile, Dieu tout-puissant, nous te supplions. ℟

« Heureux ceux qui ont faim et soif de la justice, car ils seront rassasiés. » Pour que les enseignants, les éducateurs et les responsables d'associations chargés de l'encadrement des jeunes cherchent le bien de tous, Dieu de justice, nous te supplions. ℟

« Heureux les cœurs purs, car ils verront Dieu. » Pour que les catéchumènes et tous ceux qui veulent suivre un chemin de conversion soient accompagnés et soutenus par la prière, Dieu de vérité, nous te supplions. ℟

« Heureux êtes-vous […] si l'on vous persécute […] à cause de moi […], car votre récompense est grande dans les cieux ! » Pour que l'espérance des chrétiens privés de liberté ne faiblisse pas, Dieu de lumière, nous te supplions. ℟

(Ces intentions seront adaptées ou modifiées selon les circonstances.)

Le prêtre :

Dieu notre Père, regarde avec bonté le peuple qui se confie en ta miséricorde, et révèle à chacun le bonheur éternel que tu nous promets. Par le Christ, notre Seigneur. ***— Amen.***

LITURGIE EUCHARISTIQUE

Prière sur les offrandes

Pour te servir, Seigneur, nous déposons nos présents sur ton autel : accueille-les favorablement, pour qu'ils deviennent le sacrement de notre rédemption. Par le Christ, notre Seigneur.
— *Amen.*

Prière eucharistique

(Préface des dimanches, p. 239)

Chant de communion *(Suggestions p. 261)*

OU

Antienne de la communion

Sur ton serviteur, que s'illumine ta face ;
sauve-moi dans ta miséricorde. Seigneur,
garde-moi d'être humilié, car je t'ai invoqué.
(cf. Ps 30, 17-18)

OU

Heureux les pauvres de cœur,
car le royaume des Cieux est à eux.
Heureux les doux,
car ils recevront la terre en héritage.
(Mt 5, 3. 5)

Prière après la communion

Nous avons été fortifiés par le sacrement de notre rédemption, et nous t'en prions, Seigneur : que cette nourriture pour le salut éternel nous fasse progresser dans la foi véritable. Par le Christ, notre Seigneur. — ***Amen.***

RITE DE CONCLUSION

Bénédiction

Envoi

COMMENTAIRE DU DIMANCHE

Tommy Scholtes, prêtre jésuite, *Prions en Église* Belgique

Un peuple pauvre et petit !

« Cherchez le Seigneur. » Invitation toujours nouvelle. Une définition toujours à reprendre, le chrétien comme chercheur de Dieu. Certains diront : « Nous l'avons trouvé. » Le temps de Noël écoulé a fait vivre cette rencontre. Mais le quotidien reprend le dessus. Continuer à le chercher, c'est reconnaître que l'humilité et la simplicité sont les chemins pour vivre la rencontre de Jésus. Si nous devenons un peuple « pauvre et petit », ce ne peut être en raison d'une désaffection, mais pour être de ceux qui ne commettront plus d'injustice ni n'utiliseront de langage trompeur. Là, nous avons encore du chemin à faire, individuellement et en communauté.

La recherche de Dieu demeure un chemin d'humilité, et dans celle-ci, Dieu se retrouve. Non pas dans la fausse humilité mais •••

••• dans celle qui s'apparente à la foi totale en Jésus qui vient combler. Dieu couvre de confusion « les sages » et il choisit ce qu'il y a de faible dans le monde.
Notre premier réflexe est peut-être de nous positionner aux côtés des forts, ou sages aux yeux des hommes, alors qu'il s'agit de nous placer aux côtés des petits et des sans-voix, des faibles aux yeux des hommes, pour nous laisser habiter pleinement par la sagesse de Dieu par un chemin de justice et de sanctification. C'est là que les Béatitudes viennent nous combler. Elles expriment l'attente bienheureuse de l'œuvre que Dieu ne cesse d'accomplir en nous. Oui, c'est lui qui console, qui rassasie, qui est l'artisan de paix par excellence. Il sera à nos côtés si nous sommes persécutés pour la justice ou moqués à cause de lui.

Où nous situons-nous, auprès de qui ? aux côtés des forts ou des « petits » ?
Quelle est notre attitude du cœur ? sagesse ou humilité ? ■

Prions en Eglise Junior

LIRE L'ÉVANGILE AVEC LES ENFANTS

CE QUE JE DÉCOUVRE

La mission de Jésus, c'est de nous apprendre à vivre heureux. Lui qui est expert en bonheur nous indique les différents chemins à suivre pour y arriver : ce sont les Béatitudes. Par exemple, **avoir un cœur de pauvre,** c'est enlever à l'intérieur de nous ce qui ne laisse pas de place à l'amour de Dieu. **Être doux,** c'est ne pas accepter la violence. **Pleurer,** c'est partager un moment avec ceux qui sont tristes et les consoler... Jésus ne nous demande pas de suivre tous ces chemins en même temps. **Il nous donne les secrets du bonheur pour notre vie sur la terre et dans les cieux !**

CE QUE JE VIS

Te rappelles-tu des moments où tu as été très heureux(se) ? Crois-tu toujours suivre les « chemins du bonheur », comme Jésus l'enseigne ? **Prie avec le texte commençant par « Délivre-nous de tout mal... »** (cf. p. 258).

Texte : Cédric Kuntz. Illustrations : Marcelino Truong

MÉDITATION BIBLIQUE

4E DIMANCHE DU TEMPS ORDINAIRE

Première lettre de saint Paul apôtre aux Corinthiens 1, 26-31

Déplacer son centre de gravité

Il faut un très long parcours pour découvrir que notre force provient de Dieu. Une prise de conscience qui libère l'être humain des vaines querelles chronophages et énergivores en faveur d'autres enjeux.

Le temps de la préparation

« Au contraire, ce qu'il y a de fou dans le monde, voilà ce que Dieu a choisi, pour couvrir de confusion les sages. » (1 Co 1, 27)

Le temps de l'observation

Il y a dans les propos de l'épître aux Corinthiens un décentrement radical. « Celui qui veut être fier, qu'il mette sa fierté dans le Seigneur. » La proposition met un terme à toutes les querelles d'ego, car la seule force qu'il vaille la peine de rechercher est celle qui vient de Dieu. Ce même constat traverse les psaumes et se retrouve dans la parole des prophètes. La force qui anime l'être humain ne vient pas de lui. Cette prise de conscience est libératoire car elle sort chacun d'une logique de concurrence, de perfection, d'acquisition, d'orgueil. Ce n'est pas à la recherche de compétences supplémentaires que l'être humain doit consacrer sa vie. Il a mieux à faire de son temps. L'énergie qu'il n'a plus à mettre là, il peut dès lors l'employer à faire confiance, à travailler pour la justice, à vivre en paix. Tout cela n'est possible que sur la base de ce déplacement du centre de gravité qui consiste à tirer sa force du Seigneur.

Le temps de la méditation

Une belle continuité traverse tous les textes du jour. Un seul et même message y est proclamé. Par différents biais, il raconte une sorte de mode d'emploi de la vie humaine. C'est peut-être le message le plus clair et le plus explicite que la Bible peut donner. La force de l'homme qui l'anime, son souffle, son énergie, sa vie profonde viennent d'ailleurs. Tout cela se reçoit de Dieu et vivre consciemment de ce décentrement de force change la donne. Jésus incarne et enseigne cette même réalité. Il montre ce à quoi une vie humaine peut ressembler quand elle tire sa vie de Dieu. Pour nous, cet enseignement est libérateur. Il nous invite à nous délier des conditionnements qui nous oppressent. En explicitant les enjeux véritables de notre vie, Dieu nous met au large. Et, après tout, n'est-ce pas précisément cela que l'on attend d'un chemin spirituel ? Peut-être le moment est-il venu d'expérimenter une autre façon d'exister !

Le temps de la prière

« Heureux les hommes dont tu es la force : des chemins s'ouvrent dans leur cœur ! » Ps 83, 6 ■

Marie-Laure Durand,
biblise

LA VIE EN PHOTO
31 JANVIER, SAINT JEAN BOSCO

Conjugaison

Un cours de français dans une école élémentaire des Yvelines. L'institutrice interroge ses élèves, sûrement sur la conjugaison du verbe « venir », le dernier à décliner sur le tableau noir. Les conjugaisons des verbes « avoir » et « être » sont déjà remplies. Les trois enfants lèvent la main, prêts à répondre. Conjugaison, grammaire, concordance des temps, orthographe et dictée… mais aussi algèbre et géométrie, histoire et géographie : autant de notions que les professeurs des écoles enseignent à leurs élèves et qui ont pour nous un parfum d'enfance, plus ou moins heureux… En ce mois de janvier, nous sommes invités à prier pour les éducateurs (voir page 6), dont nous fêtons le saint patron, Jean Bosco, le 31 janvier. L'occasion aussi de rendre grâce pour un enseignant qui aura marqué notre parcours. ■

Frédéric Pascal, journaliste

« Ainsi, […] édifiez-vous l'un l'autre, comme vous le faites déjà. »

Première lettre de saint Paul apôtre aux Thessaloniciens 5, 11

Établissement Sainte-Thérèse, Rambouillet (78).

LUNDI 30 JANVIER 2023

4E SEMAINE DU TEMPS ORDINAIRE COULEUR LITURGIQUE : VERT

Temps ordinaire, *suggestion d'oraisons et d'antiennes n° 12*

Antienne d'ouverture

Le Seigneur est la force de son peuple,
le refuge et le salut de son messie.
Sauve ton peuple, Seigneur, bénis ton héritage,
et conduis-le à jamais. (cf. Ps 27, 8-9)

Prière

Fais-nous vivre à tout moment, Seigneur, dans l'amour et le respect de ton saint nom, toi qui ne cesses jamais de guider ceux que tu enracines solidement dans ta charité. Par Jésus… ***— Amen.***

Lecture

de la lettre aux Hébreux (11, 32-40)

« Par leur foi, ils ont conquis des royaumes. Pour nous Dieu avait prévu mieux encore »

Frères, sur la puissance de la foi, que dire encore ? Le temps me manquerait pour rappeler l'histoire de Gédéon, Baraq, Samson, Jephté, David, Samuel et les prophètes. Par leur foi, ils ont conquis des royaumes, pratiqué la justice, obtenu la réalisation de certaines promesses. Ils ont fermé la gueule des lions, éteint la flamme des brasiers, échappé au tranchant de l'épée, retrouvé leurs forces après la maladie, montré du courage

à la guerre, mis en fuite des armées étrangères. Des femmes dont les enfants étaient morts les ont retrouvés ressuscités. Mais certains autres ont été torturés et n'ont pas accepté la libération qui leur était proposée, car ils voulaient obtenir une meilleure résurrection. D'autres ont subi l'épreuve des moqueries et des coups de fouet, des chaînes et de la prison. Ils furent lapidés, sciés en deux, massacrés à coups d'épée. Ils allèrent çà et là, vêtus de peaux de moutons ou de toisons de chèvres, manquant de tout, harcelés et maltraités – mais en fait, c'est le monde qui n'était pas digne d'eux! Ils menaient une vie errante dans les déserts et les montagnes, dans les grottes et les cavernes de la terre. Et, bien que, par leur foi, ils aient tous reçu le témoignage de Dieu, ils n'ont pas obtenu la réalisation de la promesse. En effet, pour nous Dieu avait prévu mieux encore, et il ne voulait pas les mener sans nous à la perfection. – Parole du Seigneur.

Psaume 30 (31)

℟ ***Soyez forts, prenez courage, vous tous qui espérez le Seigneur!***

Qu'ils sont grands, tes bienfaits!
Tu les réserves à ceux qui te craignent.
Tu combles, à la face du monde,
ceux qui ont en toi leur refuge. ℟

Tu les caches au plus secret de ta face,
loin des intrigues des hommes.
Tu leur réserves un lieu sûr,
loin des langues méchantes. ℟

Béni soit le Seigneur :
son amour a fait pour moi
des merveilles! ℟

Et moi, dans mon trouble, je disais :
« Je ne suis plus devant tes yeux. »
Pourtant, tu écoutais ma prière
quand je criais vers toi. ℟

Aimez le Seigneur, vous, ses fidèles :
le Seigneur veille sur les siens ;
mais il rétribue avec rigueur
qui se montre arrogant. ℟

Acclamation de l'Évangile

Alléluia. Alléluia. Un grand prophète s'est levé parmi nous, et Dieu a visité son peuple. ***Alléluia.***

Évangile de Jésus Christ

selon saint Marc (5, 1-20)

« Esprit impur, sors de cet homme ! »

En ce temps-là, Jésus et ses disciples arrivèrent sur l'autre rive, de l'autre côté de la mer de Galilée, dans le pays des Géraséniens. Comme Jésus sortait de la barque, aussitôt un homme possédé d'un esprit impur s'avança depuis les tombes à sa rencontre ; il habitait dans les tombeaux et personne ne pouvait plus l'attacher, même avec une chaîne ; en effet on l'avait souvent attaché avec des fers aux pieds et des chaînes, mais il avait rompu les chaînes, brisé les fers, et personne ne pouvait le maîtriser. Sans arrêt, nuit et jour, il était parmi les tombeaux et sur les collines, à crier, et à se blesser avec des pierres. Voyant Jésus de loin, il accourut, se prosterna devant lui et cria d'une voix forte : « Que me veux-tu, Jésus, Fils du Dieu Très-Haut ? Je t'adjure par Dieu, ne me tourmente pas ! » Jésus lui disait en effet : « Esprit impur, sors de cet homme ! » Et il lui demandait : « Quel est ton nom ? » L'homme lui dit : « Mon nom est Légion, car nous sommes beaucoup. » Et ils suppliaient Jésus avec insistance de ne pas les chasser en dehors du pays. Or, il y avait là, du côté de la colline, un grand troupeau de porcs qui cherchait sa nourriture. Alors, les esprits impurs supplièrent Jésus : « Envoie-nous vers ces porcs, et nous entrerons en eux. » Il le leur permit. Ils sortirent alors de l'homme et entrèrent dans les porcs. Du haut de la falaise, le troupeau se précipita dans la mer : il y avait environ deux mille porcs, et ils se noyaient dans la mer. Ceux qui les gardaient prirent la fuite, ils annoncèrent la nouvelle dans la ville et dans la campagne, et les gens vinrent voir ce qui s'était passé. Ils arrivent auprès de Jésus, ils voient le possédé assis, habillé, et revenu à la raison, lui qui avait eu la légion de démons, et ils furent saisis de crainte. Ceux qui avaient vu tout cela leur racontèrent l'histoire du possédé et ce qui était arrivé aux porcs. Alors ils se mirent à supplier Jésus de quitter leur territoire. Comme Jésus remontait dans la barque, le possédé le suppliait de pouvoir être avec lui. Il n'y consentit pas, mais il lui dit : « Rentre à la maison, auprès des tiens, annonce-leur tout ce que le Seigneur a fait pour toi dans sa miséricorde. » Alors l'homme s'en alla, il se mit à proclamer dans la région de la Décapole ce que Jésus avait fait pour lui, et tout le monde était dans l'admiration.

Prière sur les offrandes

Accueille, Seigneur, le sacrifice de louange et de paix ; accorde-nous d'être purifiés par son action et de t'offrir un cœur qui te plaise. Par le Christ, notre Seigneur. — ***Amen.***

Antienne de la communion

Les yeux sur toi, tous, ils espèrent, Seigneur : tu leur donnes la nourriture au temps voulu. (Ps 144, 15)

OU

Je suis le bon pasteur,
et je donne ma vie pour mes brebis,
dit le Seigneur. (Jn 10, 11. 15)

Prière après la communion

Nourris et renouvelés par le corps sacré et le sang précieux de ton Fils, nous implorons ta bonté, Seigneur : fais que, sûrs de la rédemption, nous possédions ce que nous aimons célébrer avec ferveur. Par le Christ, notre Seigneur.

— Amen.

INVITATION

Je peux lire plusieurs fois le psaume 30 de la messe d'aujourd'hui et faire mienne la prière du psalmiste.

COMMENTAIRE

Face à l'inattendu

Marc 5, 1-20

Un homme accourt vers Jésus, c'est un non-évènement. Brusquement, les choses s'accélèrent, jusqu'à cette incompréhensible chute d'un troupeau de porcs dans la mer. Les réactions des témoins de la scène oscillent entre crainte et admiration. Dans notre vie aussi, des emballements peuvent se produire, les événements prennent brusquement un tour inattendu et nous laissent assez démunis. Une chose, néanmoins, demeure certaine : Dieu ne nous abandonne pas, il conduit chacune de nos histoires ! ■

***Bertrand Lesoing**, prêtre de la communauté Saint-Martin*

MARDI 31 JANVIER 2023

4E SEMAINE DU TEMPS ORDINAIRE COULEUR LITURGIQUE : BLANC

Saint Jean Bosco

1815-1888. Né de parents pauvres, près de Turin, il fut le prêtre des enfants abandonnés et désœuvrés. Fondateur des Salésiens et des Filles de Marie Auxiliatrice.

Antienne d'ouverture

Celui qui observera et enseignera les commandements du Seigneur, celui-là sera déclaré grand dans le royaume des Cieux, dit le Seigneur. (cf. Mt 5, 19)

OU

Laissez les enfants venir à moi, dit le Seigneur. Ne les empêchez pas, car le royaume de Dieu est à ceux qui leur ressemblent. (cf. Mc 10, 14)

Prière

Seigneur Dieu, tu as suscité le prêtre saint Jean Bosco comme un père et un maître pour la jeunesse ; accorde-nous de brûler du même feu de charité afin de pouvoir attirer les âmes à toi et ne servir que toi seul. Par Jésus… ***— Amen.***

Lecture

de la lettre aux Hébreux (12, 1-4)

« Courons avec endurance l'épreuve qui nous est proposée »

Frères, nous aussi, entourés de cette immense nuée de témoins, et débarrassés de tout ce qui nous alourdit – en particulier du péché qui nous entrave si bien –, courons avec endurance l'épreuve qui nous est proposée, les yeux fixés sur Jésus, qui est à l'origine et au terme de la foi. Renonçant

à la joie qui lui était proposée, il a enduré la croix en méprisant la honte de ce supplice, et il siège à la droite du trône de Dieu. Méditez l'exemple de celui qui a enduré de la part des pécheurs une telle hostilité, et vous ne serez pas accablés par le découragement. Vous n'avez pas encore résisté jusqu'au sang dans votre lutte contre le péché. – Parole du Seigneur.

Psaume 21 (22)

℟ ***Ils loueront le Seigneur, ceux qui le cherchent.***

Devant ceux qui te craignent, je tiendrai mes promesses.
Les pauvres mangeront : ils seront rassasiés ;
ils loueront le Seigneur, ceux qui le cherchent :
« À vous, toujours, la vie et la joie ! » ℟

La terre entière se souviendra et reviendra vers le Seigneur,
chaque famille de nations se prosternera devant lui.
Tous ceux qui festoyaient s'inclinent ;
promis à la mort, ils plient en sa présence. ℟

Et moi, je vis pour lui : ma descendance le servira ;
on annoncera le Seigneur aux générations à venir.
On proclamera sa justice au peuple qui va naître :
Voilà son œuvre ! ℟

Acclamation de l'Évangile

Alléluia. Alléluia. Le Christ a pris nos souffrances, il a porté nos maladies. ***Alléluia.***

Évangile de Jésus Christ

selon saint Marc (5, 21-43)

« Jeune fille, je te le dis, lève-toi ! »

En ce temps-là, Jésus regagna en barque l'autre rive, et une grande foule s'assembla autour de lui. Il était au bord de la mer. Arrive un des chefs de synagogue, nommé Jaïre. Voyant Jésus, il tombe à ses pieds et le supplie instamment : « Ma fille, encore si jeune, est à la dernière extrémité. Viens lui imposer les mains pour qu'elle soit sauvée et qu'elle vive. » Jésus partit avec lui, et la foule qui le suivait était si nombreuse qu'elle l'écrasait.

Or, une femme, qui avait des pertes de sang depuis douze ans… – elle avait beaucoup souffert du traitement de nombreux médecins, et elle avait dépensé tous ses biens sans avoir la moindre amélioration ; au contraire, son état avait plutôt empiré –… cette femme donc, ayant appris ce qu'on disait de Jésus, vint par-derrière dans la foule et toucha son vêtement. Elle se disait en effet : « Si je parviens à toucher seulement son vêtement, je serai sauvée. » À l'instant, l'hémorragie s'arrêta, et elle ressentit dans son corps qu'elle était guérie de son mal. Aussitôt Jésus se rendit compte qu'une force était sortie de lui. Il se retourna dans la foule, et il demandait : « Qui a touché mes vêtements ? » Ses disciples lui répondirent : « Tu vois bien la foule qui t'écrase, et tu demandes : "Qui m'a touché ?" » Mais lui regardait tout autour pour voir celle qui avait fait cela. Alors la femme, saisie de crainte et toute tremblante, sachant ce qui lui était arrivé, vint se jeter à ses pieds et lui dit toute la vérité. Jésus lui dit alors : « Ma fille, ta foi t'a sauvée*. Va en paix et sois guérie de ton mal. » Comme il parlait encore, des gens arrivent de la maison de Jaïre, le chef de synagogue, pour dire à celui-ci : « Ta fille vient de mourir. À quoi bon déranger encore le Maître ? » Jésus, surprenant ces mots, dit au chef de synagogue : « Ne crains pas, crois seulement. » Il ne laissa personne l'accompagner, sauf Pierre, Jacques, et Jean, le frère de Jacques. Ils arrivent à la maison du chef de synagogue. Jésus voit l'agitation, et des gens qui pleurent et poussent de grands cris. Il entre et leur dit : « Pourquoi cette agitation et ces pleurs ? L'enfant n'est pas morte : elle dort. » Mais on se moquait de lui. Alors il met tout le monde dehors, prend avec lui le père et la mère de l'enfant, et ceux qui étaient avec lui ; puis il pénètre là où reposait l'enfant. Il saisit la main de l'enfant, et lui dit : « *Talitha koum* », ce qui signifie : « Jeune fille, je te le dis, lève-toi ! » Aussitôt la jeune fille se leva et se mit à marcher – elle avait en effet douze ans. Ils furent frappés d'une grande stupeur. Et Jésus leur ordonna fermement de ne le faire savoir à personne ; puis il leur dit de la faire manger.

Prière sur les offrandes

Accepte, Seigneur, nous t'en prions, le sacrifice que ton peuple consacré t'offre aujourd'hui en mémoire de saint Jean Bosco ; fais qu'en ayant participé à ce mystère, nous devenions des témoins de ta charité. Par le Christ, notre Seigneur. ***— Amen.***

Antienne de la communion

Celui qui me suit ne marche pas
dans les ténèbres, mais il aura
la lumière de la vie, dit le Seigneur.
(Jn 8, 12)

OU

Si vous ne changez pas pour devenir
comme les enfants, dit le Seigneur,
vous n'entrerez pas dans le royaume
des Cieux.
(Mt 18, 3)

Prière après la communion

Dieu tout-puissant, fais que nous trouvions un soutien dans ce repas sacré, pour qu'à l'exemple de saint Jean Bosco, nous manifestions dans notre cœur et par nos actes la charité fraternelle et la lumière de la vérité. Par le Christ, notre Seigneur. ***— Amen.***

INVITATION

Ce mois de janvier s'achève. Je peux lister tous les moments où j'ai pu « courir avec endurance », « tenir debout » grâce au Seigneur. Je lui dis merci.

COMMENTAIRE

Temps d'arrêt

Marc 5, 21-43

Il y a urgence : la fille de Jaïre est malade, Jésus doit se rendre à son chevet. Mais sur le trajet, il accepte de se laisser arrêter par une autre femme malade. Alors même que ses plans sont contrariés, Jésus ne manifeste nul mouvement de colère ou d'impatience. Nos désirs et nos projets les plus généreux sont parfois entravés. N'en concevons nulle amertume : quoi qu'il advienne, il nous est toujours possible de faire le bien et d'accorder une véritable attention à chacun. ■

Bertrand Lesoing, *prêtre de la communauté Saint-Martin*

❊ CLÉ DE LECTURE

« Ta foi t'a sauvée »

Marc 5, 34 *(p. 228)*

Comme la lettre aux Hébreux, le double récit emboîté de Marc nous invite à méditer sur la foi, dans un genre littéraire tout différent. Dans les deux cas, la foi est une forme de vie qui affronte le risque extrême. Quelqu'un joue son « va-tout ». La femme risque la honte du rejet et du mépris de tous, elle transgresse les lois de pureté pour enfin être guérie, dans un mouvement de confiance sans retour envers Jésus. Les croyants persécutés entrent dans la foi du Christ, origine et terme de la leur. Avec lui, ils acceptent la honte et la souffrance, pour résister jusqu'au bout au péché, qui serait de désespérer de Dieu et des hommes, de ne pas croire en un avenir, en la possibilité d'une vie qui triomphera du mépris, de la haine et de la mort. ■

Roselyne Dupont-Roc, *bibliste*

Liturgie de la messe

RITES INITIAUX

Le chant d'entrée achevé, le prêtre et les fidèles, debout, font le signe de la croix, tandis que le prêtre, tourné vers le peuple, dit :

Au nom du Père, et du Fils, et du Saint-Esprit.

Le peuple répond :

—Amen.

Salutation

La grâce de Jésus, le Christ, notre Seigneur, l'amour de Dieu le Père, et la communion de l'Esprit Saint soient toujours avec vous.

—Et avec votre esprit.

Ou bien : Que la grâce et la paix de Dieu notre Père et du Seigneur Jésus, le Christ, soient toujours avec vous.

—Et avec votre esprit.

Ou bien : Le Seigneur soit avec vous.

—Et avec votre esprit.

Acte pénitentiel

Frères et sœurs, préparons-nous à célébrer le mystère de l'eucharistie, en reconnaissant que nous avons péché.

(1) Je confesse à Dieu tout-puissant, je reconnais devant vous, frères et sœurs, que j'ai péché en pensée, en parole, par action et par omission ; oui, j'ai vraiment péché. C'est pourquoi je supplie la bienheureuse Vierge Marie, les anges et tous les saints, et vous aussi, frères et sœurs, de prier pour moi le Seigneur notre Dieu.

(2) Prends pitié de nous, Seigneur. ***—Nous avons péché contre toi.***
Montre-nous, Seigneur, ta miséricorde. ***—Et donne-nous ton salut.***

(3) Seigneur Jésus, envoyé pour guérir les cœurs qui reviennent vers toi :
Seigneur, prends pitié. ***—Seigneur, prends pitié.***
Ô Christ, venu appeler les pécheurs : ô Christ, prends pitié.
—Ô Christ, prends pitié.
Seigneur, qui sièges à la droite du Père où tu intercèdes pour nous :
Seigneur, prends pitié. ***—Seigneur, prends pitié.***

Que Dieu tout-puissant nous fasse miséricorde ; qu'il nous pardonne nos péchés et nous conduise à la vie éternelle. ***—Amen.***

Ensuite, on chante ou on dit le Kyrie eleison (Seigneur, prends pitié), à moins qu'il n'ait été déjà employé dans une formule de l'acte pénitentiel (c'est le cas de la précédente).

Kyrie, eleison. ***—Kyrie, eleison.***
Christe, eleison. ***—Christe, eleison.***
Kyrie, eleison. ***—Kyrie, eleison.***
ou bien : Seigneur, prends pitié. ***—Seigneur, prends pitié.***
Ô Christ, prends pitié. ***—Ô Christ, prends pitié.***
Seigneur, prends pitié. ***—Seigneur, prends pitié.***

Gloire à Dieu

Gloire à Dieu, au plus haut des cieux, et paix sur la terre aux hommes, qu'il aime. Nous te louons, nous te bénissons, nous t'adorons, nous te glorifions, nous te rendons grâce, pour ton immense gloire, Seigneur Dieu, Roi du ciel, Dieu le Père tout-puissant.
Seigneur, Fils unique, Jésus Christ, Seigneur Dieu,
Agneau de Dieu, le Fils du Père ;
toi qui enlèves les péchés du monde, prends pitié de nous ;
toi qui enlèves les péchés du monde, reçois notre prière ;
toi qui es assis à la droite du Père, prends pitié de nous.
Car toi seul es Saint, toi seul es Seigneur, toi seul es le Très-Haut :
Jésus Christ, avec le Saint-Esprit dans la gloire de Dieu le Père. Amen.

Gloria in excelsis Deo et in terra pax hominibus bonæ voluntatis. Laudamus te, benedicimus te, adoramus te, glorificamus te, gratias agimus tibi propter magnam gloriam tuam, Domine Deus, Rex cælestis, Deus Pater omnipotens. Domine Fili unigenite, Iesu Christe, Domine Deus, Agnus Dei, Filius Patris, qui tollis peccata mundi, miserere nobis ; qui tollis peccata mundi, suscipe deprecationem nostram. Qui sedes ad dexteram Patris, miserere nobis.
Quoniam tu solus Sanctus, tu solus Dominus, tu solus Altissimus,
Iesu Christe, cum Sancto Spiritu : in gloria Dei Patris. Amen.

Prière d'ouverture

Voir à la date du jour.

LITURGIE DE LA PAROLE

Voir à la date du jour.

Profession de foi

Symbole de Nicée-Constantinople

Je crois en un seul Dieu, le Père tout-puissant,
créateur du ciel et de la terre, de l'univers visible et invisible.
Je crois en un seul Seigneur, Jésus Christ, le Fils unique de Dieu,
né du Père avant tous les siècles : il est Dieu, né de Dieu,
lumière née de la lumière, vrai Dieu, né du vrai Dieu,
engendré, non pas créé, consubstantiel au Père, et par lui tout a été fait.
Pour nous les hommes, et pour notre salut, il descendit du ciel ;
par l'Esprit Saint, il a pris chair de la Vierge Marie, et s'est fait homme.
Crucifié pour nous sous Ponce Pilate,
il souffrit sa passion et fut mis au tombeau.
Il ressuscita le troisième jour, conformément aux Écritures,
et il monta au ciel ; il est assis à la droite du Père.
Il reviendra dans la gloire, pour juger les vivants et les morts ;
et son règne n'aura pas de fin.
Je crois en l'Esprit Saint, qui est Seigneur et qui donne la vie ;
il procède du Père et du Fils ; avec le Père et le Fils,
il reçoit même adoration et même gloire ; il a parlé par les prophètes.
Je crois en l'Église, une, sainte, catholique et apostolique.
Je reconnais un seul baptême pour le pardon des péchés.
J'attends la résurrection des morts, et la vie du monde à venir. Amen.

Credo in unum Deum, Patrem omnipotentem,
Factorem cæli et terræ, visibilium omnium et invisibilium.
Et in unum Dominum Iesum Christum, Filium Dei unigenitum,
et ex Patre natum ante omnia sæcula.
Deum de Deo, lumen de lumine, Deum verum de Deo vero, genitum,
non factum, consubstantialem Patri : per quem omnia facta sunt.
Qui propter nos homines et propter nostram salutem descendit de cælis.
Et incarnatus est de Spiritu Sancto ex Maria Virgine, et homo factus est.
Crucifixus etiam pro nobis sub Pontio Pilato ;
passus et sepultus est, et resurrexit tertia die, secundum Scripturas,
et ascendit in cælum, sedet ad dexteram Patris.
Et iterum venturus est cum gloria, iudicare vivos et mortuos,
cuius regni non erit finis.
Et in Spiritum Sanctum, Dominum et vivificantem :
qui ex Patre Filioque procedit.
Qui cum Patre et Filio simul adoratur et conglorificatur :
qui locutus est per prophetas.
Et unam, sanctam, catholicam et apostolicam Ecclesiam.
Confiteor unum baptisma in remissionem peccatorum.
Et exspecto resurrectionem mortuorum, et vitam venturi sæculi.
Amen.

Symbole des Apôtres

Je crois en Dieu, le Père tout-puissant, créateur du ciel et de la terre.
Et en Jésus Christ, son Fils unique, notre Seigneur,
qui a été conçu du Saint-Esprit, est né de la Vierge Marie,
a souffert sous Ponce Pilate, a été crucifié, est mort et a été enseveli,
est descendu aux enfers, le troisième jour est ressuscité des morts,
est monté aux cieux, est assis à la droite de Dieu le Père tout-puissant,
d'où il viendra juger les vivants et les morts.
Je crois en l'Esprit Saint, à la sainte Église catholique,
à la communion des saints, à la rémission des péchés,
à la résurrection de la chair, à la vie éternelle. Amen.

Prière universelle

LITURGIE EUCHARISTIQUE

Préparation des dons

Tu es béni, Seigneur, Dieu de l'univers : nous avons reçu de ta bonté le pain
que nous te présentons, fruit de la terre et du travail des hommes ;
il deviendra pour nous le pain de la vie. ***— Béni soit Dieu, maintenant et toujours !***

Comme cette eau se mêle au vin pour le sacrement de l'Alliance,
puissions-nous être unis à la divinité de celui qui a voulu prendre notre humanité.

Tu es béni, Seigneur, Dieu de l'univers : nous avons reçu de ta bonté le vin
que nous te présentons, fruit de la vigne et du travail des hommes ;
il deviendra pour nous le vin du Royaume éternel.
— Béni soit Dieu, maintenant et toujours !

Le cœur humble et contrit, nous te supplions, Seigneur, accueille-nous : que notre sacrifice, en ce jour, trouve grâce devant toi, Seigneur notre Dieu. Lave-moi de mes fautes, Seigneur, et purifie-moi de mon péché.

Prière sur les offrandes

Priez, frères et sœurs : que mon sacrifice, qui est aussi le vôtre, soit agréable à Dieu le Père tout-puissant.

— Que le Seigneur reçoive de vos mains ce sacrifice à la louange et à la gloire de son nom, pour notre bien et celui de toute l'Église.

Ou bien :

Prions ensemble, au moment d'offrir le sacrifice de toute l'Église.

— Pour la gloire de Dieu et le salut du monde.

Prière eucharistique

Le Seigneur soit avec vous. ***— Et avec votre esprit.***

Élevons notre cœur. ***— Nous le tournons vers le Seigneur.***

Rendons grâce au Seigneur notre Dieu. ***— Cela est juste et bon.***

Préfaces

1re préface de la Nativité

Le Christ lumière

Vraiment, il est juste et bon, pour ta gloire et notre salut, de t'offrir notre action de grâce, toujours et en tout lieu, Seigneur, Père très saint, Dieu éternel et tout-puissant. Car la révélation de ta gloire s'est éclairée pour nous d'une lumière nouvelle dans le mystère du Verbe incarné.

Maintenant, nous connaissons en lui Dieu qui s'est rendu visible à nos yeux, et nous sommes entraînés par lui à aimer ce qui demeure invisible. C'est pourquoi, avec les anges et les archanges, avec les puissances d'en haut et tous les esprits bienheureux, nous chantons l'hymne de ta gloire et sans fin nous proclamons :

Saint! Saint! Saint...

2e préface de la Nativité

La restauration universelle dans l'Incarnation

Vraiment, il est juste et bon, pour ta gloire et notre salut, de t'offrir notre action de grâce, toujours et en tout lieu, Seigneur, Père très saint, Dieu éternel et tout-puissant, par le Christ, notre Seigneur. Dans le mystère de la Nativité, celui qui par nature est invisible s'est rendu visible en notre chair; engendré avant le temps, il entre dans le cours du temps. Relevant en lui la création déchue, il restaure toute chose et ramène l'homme perdu vers le royaume des Cieux. C'est pourquoi nous te louons avec tous les anges et, dans la joie, nous te célébrons en proclamant :

Saint! Saint! Saint...

3e préface de la Nativité

L'échange entre Dieu et les hommes dans l'Incarnation du Verbe

Vraiment, il est juste et bon, pour ta gloire et notre salut, de t'offrir notre action de grâce, toujours et en tout lieu, Seigneur, Père très saint, Dieu éternel et tout-puissant, par le Christ, notre Seigneur. Par lui resplendit en ce jour l'échange merveilleux où nous sommes régénérés : lorsque ton Verbe prend sur lui la fragilité humaine, notre condition mortelle en reçoit une infinie noblesse; il devient tellement l'un de nous que nous devenons éternels. C'est pourquoi, unis au chœur des anges, nous te louons dans la joie en proclamant :

Saint! Saint! Saint...

4e préface des dimanches

L'histoire du salut

Vraiment, il est juste et bon, pour ta gloire et notre salut, de t'offrir notre action de grâce, toujours et en tout lieu, Seigneur, Père très saint, Dieu éternel et tout-puissant, par le Christ, notre Seigneur. Par sa naissance, il a renouvelé la condition humaine destinée à vieillir ; par sa passion, il a effacé nos fautes ; par sa résurrection d'entre les morts, il a donné accès à la vie éternelle ; et par son ascension auprès de toi, notre Père, il a ouvert les portes du ciel. C'est pourquoi, avec la multitude des anges et des saints, nous chantons l'hymne de ta gloire et sans fin nous proclamons :

Saint ! Saint ! Saint…

5e préface des dimanches

La Création

Vraiment, il est juste et bon, pour ta gloire et notre salut, de t'offrir notre action de grâce, toujours et en tout lieu, Seigneur, Père très saint, Dieu éternel et tout-puissant. Toi, le Créateur de tous les éléments du monde, Maître des temps et de l'histoire, tu as formé l'homme à ton image et lui as soumis l'univers et ses merveilles ; tu lui as confié ta création afin qu'il en soit le gardien et qu'en admirant ton œuvre il ne cesse de te rendre grâce, par le Christ, notre Seigneur. C'est pourquoi nous te louons avec tous les anges et, dans la joie, nous te célébrons en proclamant : ***Saint ! Saint ! Saint…***

2e préface commune

Le salut par le Christ

Vraiment, il est juste et bon, pour ta gloire et notre salut, de t'offrir notre action de grâce, toujours et en tout lieu, Seigneur, Père très saint, Dieu éternel et tout-puissant. Dans ta bonté, tu as créé l'homme ; et, comme il avait mérité la condamnation, tu l'as racheté dans ta miséricorde, par le Christ, notre Seigneur. Par lui, les anges célèbrent ta grandeur, et les esprits bienheureux adorent ta gloire ; par lui s'inclinent devant toi les puissances d'en haut, et tressaillent d'une même allégresse les innombrables créatures des cieux. À leur hymne de louange, laisse-nous joindre nos voix pour chanter et proclamer : ***Saint ! Saint ! Saint...***

3e préface commune

Louange à Dieu pour la création et la régénération de l'homme

Vraiment, il est juste et bon, pour ta gloire et notre salut, de t'offrir notre action de grâce, toujours et en tout lieu, Seigneur, Père très saint, Dieu éternel et tout-puissant. C'est par ton Fils bien-aimé que tu as formé le genre humain ; et c'est encore par lui que, dans ta grande bonté, tu le renouvelles. Voilà pourquoi toutes les créatures te servent, le peuple que tu as racheté célèbre ta louange, les saints te bénissent d'un seul cœur. Et déjà nous pouvons te louer avec tous les anges, et, dans la joie, nous ne cessons de proclamer : ***Saint ! Saint ! Saint...***

1re préface de la Vierge Marie

La maternité de la bienheureuse Vierge Marie

Vraiment, il est juste et bon, pour ta gloire et notre salut, de t'offrir notre action de grâce, toujours et en tout lieu, Seigneur, Père très saint, Dieu éternel et tout-puissant. En ce jour où nous célébrons la *(nommer la fête)* de la bienheureuse Vierge Marie : ••• où nous célébrons la mémoire de la bienheureuse Vierge Marie : ••• où nous honorons la bienheureuse Vierge Marie : ••• nous voulons te chanter, te bénir et te glorifier. Car elle a conçu ton Fils unique lorsque le Saint-Esprit la couvrit de son ombre,

et, gardant pour toujours la gloire de sa virginité, elle a donné au monde la lumière éternelle, Jésus, le Christ, notre Seigneur. Par lui, les anges célèbrent ta grandeur, et les esprits bienheureux adorent ta gloire ; par lui s'inclinent devant toi les puissances d'en haut et tressaillent d'une même allégresse les innombrables créatures des cieux. À leur hymne de louange, laisse-nous joindre nos voix pour chanter et proclamer :
Saint ! Saint ! Saint…

Préface des saints pasteurs

La présence des saints pasteurs dans l'Église

Vraiment, il est juste et bon, pour ta gloire et notre salut, de t'offrir notre action de grâce, toujours et en tout lieu, Seigneur, Père très saint, Dieu éternel et tout-puissant, par le Christ, notre Seigneur. Tu donnes à ton Église de se réjouir en la fête de saint (des saints) N. : par l'exemple qu'il a (qu'ils ont) donné, tu nous encourages, par son (leur) enseignement, tu nous éclaires, à sa (leur) prière, tu veilles sur nous. C'est pourquoi, avec la multitude des anges et des saints, nous chantons l'hymne de ta gloire et sans fin nous proclamons : ***Saint ! Saint ! Saint…***

1re préface des saints martyrs

Signification et valeur exemplaire du martyre

Vraiment, il est juste et bon, pour ta gloire et notre salut, de t'offrir notre action de grâce, toujours et en tout lieu, Seigneur, Père très saint, Dieu éternel et tout-puissant. Nous reconnaissons un signe éclatant de ta grâce dans le martyre de saint (de sainte, des saints, des saintes) N. ; en répandant son (leur) propre sang comme le Christ, il a (elle a, ils ont, elles ont) glorifié ton nom. C'est ta puissance qui se déploie dans la faiblesse quand tu donnes à des êtres fragiles de te rendre témoignage par le Christ, notre Seigneur. C'est pourquoi, avec les puissances des cieux, nous pouvons te bénir sur la terre et t'adorer sans fin en proclamant : ***Saint ! Saint ! Saint…***

1re préface des saints

La gloire des saints

Vraiment, il est juste et bon, pour ta gloire et notre salut, de t'offrir notre action de grâce, toujours et en tout lieu, Seigneur, Père très saint, Dieu éternel et tout-puissant. Car tu es glorifié dans l'assemblée des saints : lorsque tu couronnes leurs mérites, tu couronnes tes propres dons. Dans leur vie, tu nous procures un modèle, dans la communion avec eux, une famille, et dans leur intercession, un appui ; afin que, soutenus par de si nombreux témoins, nous courions jusqu'au bout l'épreuve qui nous est proposée et recevions avec eux l'impérissable couronne de gloire, par le Christ, notre Seigneur. C'est pourquoi, avec les anges et les archanges, avec la foule immense des saints, nous chantons l'hymne de ta gloire et sans fin nous proclamons : ***Saint ! Saint ! Saint…***

Pour l'unité des chrétiens

L'unité du Corps du Christ, qu'est l'Église

Vraiment, il est juste et bon, pour ta gloire et notre salut, de t'offrir notre action de grâce, toujours et en tout lieu, Seigneur, Père très saint, Dieu éternel et tout-puissant, par le Christ, notre Seigneur. Par lui, tu nous conduis à la connaissance de ta vérité, pour que nous devenions son corps, unis dans une seule foi et un seul baptême. Par lui, tu répands ton Esprit Saint sur toutes les nations, l'Esprit qui fait une œuvre merveilleuse par la diversité de ses dons et réalise ainsi l'unité : il habite le cœur de tes enfants d'adoption, il remplit l'Église tout entière et ne cesse de la guider. C'est pourquoi, unissant nos voix à celles des anges, nous te louons dans la joie en proclamant :

Saint ! Saint ! Saint, le Seigneur,
Dieu de l'univers !
Le ciel et la terre
sont remplis de ta gloire.
Hosanna au plus haut des cieux.
Béni soit celui qui vient
au nom du Seigneur.
Hosanna au plus haut des cieux.

Sanctus, Sanctus, Sanctus
Dominus Deus Sabaoth.
Pleni sunt cœli et terra gloria tua.
Hosanna in excelsis.
Benedictus qui venit in nomine
Domini. Hosanna in excelsis.

• *Prière eucharistique* **1**
« Toi, Père très aimant... » .... p. 244
• *Prière eucharistique* **2**
« Toi qui es vraiment saint... » .... p. 248
• *Prière eucharistique* **3**
« Tu es vraiment saint... » .... p. 251
• *Prière eucharistique* **4**
« Père très saint... » .... p. 255

Prière eucharistique nº 1

(Préfaces : p. 237)

Toi, Père très aimant, nous te prions et te supplions par Jésus Christ, ton Fils, notre Seigneur, d'accepter et de bénir ✠ ces dons, ces offrandes, sacrifice pur et saint, que nous te présentons avant tout pour ta sainte Église catholique : accorde-lui la paix et protège-la, daigne la rassembler dans l'unité et la gouverner par toute la terre ; nous les présentons en union avec ton serviteur notre pape N., notre évêque N., et tous ceux qui gardent fidèlement la foi catholique reçue des Apôtres.

Souviens-toi, Seigneur, de tes serviteurs et de tes servantes (de N. et de N.), et de tous ceux qui sont ici réunis, dont tu connais la foi et l'attachement. Nous t'offrons pour eux, ou ils t'offrent pour eux-mêmes et tous les leurs ce sacrifice de louange, pour leur propre rédemption, pour la paix, et le salut qu'ils espèrent ; ils te rendent cet hommage, à toi, Dieu éternel, vivant et vrai.

(1) **En semaine :**

• Unis dans une même communion, vénérant d'abord la mémoire de la bienheureuse Marie toujours vierge, Mère de notre Dieu et Seigneur, Jésus Christ, •••

(2) **Le dimanche :**

• Unis dans une même communion, nous célébrons le jour où le Christ est ressuscité d'entre les morts ; et vénérant d'abord la mémoire de la bienheureuse Marie toujours vierge, Mère de notre Dieu et Seigneur, Jésus Christ, •••

(3) **Le 1er janvier :**

• Unis dans une même communion, nous célébrons le jour très saint où Marie, dans la gloire de sa virginité, enfanta le Sauveur du monde ; et vénérant d'abord la mémoire de cette

Vierge bienheureuse, la Mère de notre Dieu et Seigneur, Jésus Christ, •••

(4) **Pour l'Épiphanie :**

• Unis dans une même communion, nous célébrons le jour très saint où ton Fils unique qui partage éternellement ta propre gloire s'est manifesté à nos yeux dans un vrai corps pris de notre chair ; et vénérant d'abord la mémoire de la bienheureuse Marie toujours Vierge, Mère de notre Dieu et Seigneur, Jésus Christ, •••

••• et celle de saint Joseph, son époux, des bienheureux Apôtres et martyrs Pierre et Paul, André, [Jacques et Jean, Thomas, Jacques et Philippe, Barthélemy et Matthieu, Simon et Jude, Lin, Clet, Clément, Sixte, Corneille et Cyprien, Laurent, Chrysogone, Jean et Paul, Côme et Damien,] et de tous les saints, nous t'en supplions : accorde-nous, par leur prière et leurs mérites, d'être toujours et partout, forts de ton secours et de ta protection. [Par le Christ, notre Seigneur. Amen.]

Voici donc l'offrande que nous présentons devant toi, nous, tes serviteurs, et ta famille entière : Seigneur, dans ta bienveillance, accepte-la. Assure toi-même la paix de notre vie, arrache-nous à la damnation éternelle et veuille nous admettre au nombre de tes élus. [Par le Christ, notre Seigneur. Amen.]

Seigneur Dieu, nous t'en prions, daigne bénir et accueillir cette offrande, accepte-la pleinement, rends-la parfaite et digne de toi : qu'elle devienne pour nous le corps et le sang de ton Fils bien-aimé, Jésus, le Christ, notre Seigneur.
La veille de sa passion, il prit le pain dans ses mains très saintes et, les yeux levés au ciel, vers toi, Dieu, son Père tout-puissant, en te rendant grâce il dit la bénédiction, il rompit le pain,

et le donna à ses disciples, en disant : « Prenez, et mangez-en tous : ceci est mon corps livré pour vous. »
De même, après le repas, il prit cette coupe incomparable dans ses mains très saintes ; et, te rendant grâce à nouveau, il dit la bénédiction, et donna la coupe à ses disciples, en disant : « Prenez, et buvez-en tous, car ceci est la coupe de mon sang, le sang de l'Alliance nouvelle et éternelle, qui sera versé pour vous et pour la multitude en rémission des péchés. Vous ferez cela en mémoire de moi. »

(1) Il est grand, le mystère de la foi :
— Nous annonçons ta mort, Seigneur Jésus, nous proclamons ta résurrection, nous attendons ta venue dans la gloire.
(2) Acclamons le mystère de la foi :
— Quand nous mangeons ce pain et buvons à cette coupe, nous annonçons ta mort, Seigneur ressuscité, et nous attendons que tu viennes.
(3) Qu'il soit loué, le mystère de la foi :
— Sauveur du monde, sauve-nous !
Par ta croix et ta résurrection,
tu nous as libérés.
ou: Proclamons le mystère de la foi :
— Gloire à toi qui étais mort, gloire à toi qui es vivant, notre Sauveur et notre Dieu : viens, Seigneur Jésus !

Mysterium fidei.
(1) *– Mortem tuam annuntiamus, Domine, et tuam resurrectionem confitemur, donec venias.*
(2) *– Quotiescumque manducamus panem hunc et calicem bibimus, mortem tuam annuntiamus, Domine, donec venias.*
(3) *– Salvator mundi, salva nos, qui per crucem et resurrectionem tuam liberasti nos.*

Voilà pourquoi nous, tes serviteurs, et ton peuple saint avec nous, faisant mémoire de la passion bienheureuse de ton Fils, Jésus, le Christ, notre Seigneur, de sa résurrection du séjour des morts et de sa glorieuse ascension dans le ciel, nous te présentons, Dieu de gloire et de majesté, cette offrande prélevée sur les biens que tu nous donnes, le sacrifice pur et saint, le sacrifice parfait, pain de la vie éternelle et coupe du salut. Et comme il t'a plu d'accueillir les présents de ton serviteur Abel le Juste, le sacrifice d'Abraham, notre père dans la foi, et celui que t'offrit Melkisédek, ton grand prêtre, oblation sainte et immaculée, regarde ces offrandes avec amour et, dans ta bienveillance, accepte-les. Nous t'en supplions, Dieu tout-puissant : qu'elles soient portées par les mains de ton saint Ange en présence de ta gloire, sur ton autel céleste, afin qu'en recevant ici, par notre communion à l'autel, le corps et le sang très saints de ton Fils, nous soyons comblés de la grâce et de toute bénédiction du ciel. [Par le Christ, notre Seigneur. Amen.]

Souviens-toi aussi, Seigneur, de tes serviteurs et de tes servantes (de N. et N.) qui nous ont précédés, marqués du signe de la foi, et qui dorment dans la paix. Pour eux et pour tous ceux qui reposent dans le Christ, nous implorons ta bonté, Seigneur : qu'ils demeurent dans la joie, la lumière et la paix. [Par le Christ, notre Seigneur. Amen.]

Et nous pécheurs, tes serviteurs, qui mettons notre espérance en ta miséricorde inépuisable, admets-nous dans la communauté des saints Apôtres et martyrs, avec Jean Baptiste, Étienne, Matthias et Barnabé, [Ignace, Alexandre, Marcellin et Pierre, Félicité et Perpétue, Agathe, Lucie, Agnès, Cécile, Anastasie,] et tous les saints ; nous t'en prions, accueille-nous dans leur compagnie, sans nous juger sur le mérite mais en accordant largement ton pardon. Par le Christ, notre Seigneur. Par lui, tu ne cesses de créer tous ces biens, tu les sanctifies, leur donnes la vie, les bénis, et nous en fais le don.

Par lui, avec lui et en lui, à toi, Dieu le Père tout-puissant, dans l'unité du Saint-Esprit, tout honneur et toute gloire, pour les siècles des siècles.
— Amen.

Vient ensuite le rite de la communion, *p. 258.*

Prière eucharistique nº 2

(On peut aussi choisir une autre préface.)

Vraiment, Père très saint, il est juste et bon, pour ta gloire et notre salut, de t'offrir notre action de grâce, toujours et en tout lieu, par ton Fils bien-aimé, Jésus, le Christ : il est ta parole par qui tu as créé toutes choses ; c'est lui que tu nous as envoyé comme Rédempteur et Sauveur, Dieu fait homme, conçu de l'Esprit Saint, né de la Vierge Marie. Pour accomplir jusqu'au bout ta volonté et rassembler un peuple saint qui t'appartienne, il étendit les mains à l'heure de sa passion, afin de briser la mort, et de manifester la résurrection. C'est pourquoi, avec les anges et tous les saints, nous chantons ta gloire, et d'une seule voix nous proclamons :
Saint ! Saint ! Saint, le Seigneur,
Dieu de l'univers ! Le ciel et la terre sont remplis de ta gloire. Hosanna au plus haut des cieux. Béni soit celui qui vient au nom du Seigneur.
Hosanna au plus haut des cieux.
(Voir p. 243 pour la version latine.)

(1) **En semaine :**
• Toi qui es vraiment saint, toi qui es la source de toute sainteté, Seigneur, nous te prions : •••

(2) **Le dimanche :**

• Toi qui es vraiment saint, toi qui es la source de toute sainteté, Dieu notre Père, nous voici rassemblés devant toi, et, dans la communion de toute l'Église, nous célébrons le jour où le Christ est ressuscité d'entre les morts. Par lui que tu as élevé à ta droite, nous te prions : •••

(3) **Le 1er janvier :**

• Toi qui es vraiment saint, toi qui es la source de toute sainteté, Dieu notre Père, nous voici rassemblés devant toi, et, dans la communion de toute l'Église, nous célébrons le jour très saint où Marie, dans la gloire de sa virginité, enfanta le Sauveur du monde. Par lui, notre Rédempteur et notre Seigneur, nous te prions : •••

(4) **Pour l'Épiphanie :**

• Toi qui es vraiment saint, toi qui es la source de toute sainteté, Dieu notre Père, nous voici rassemblés devant toi, et, dans la communion de toute l'Église, nous célébrons le jour très saint où ton Fils unique qui partage éternellement ta propre gloire s'est manifesté à nos yeux dans un vrai corps pris de notre chair. Par lui, notre Rédempteur et notre Sauveur, nous te prions : •••

••• Sanctifie ces offrandes en répandant sur elles ton Esprit ; qu'elles deviennent pour nous le corps et + le sang de Jésus, le Christ, notre Seigneur.

Au moment d'être livré et d'entrer librement dans sa passion, il prit le pain, il rendit grâce, il le rompit et le donna à ses disciples, en disant : « Prenez, et mangez-en tous : ceci est mon corps livré pour vous. »
De même, après le repas, il prit la coupe ; de nouveau il rendit grâce, et la donna à ses disciples, en disant : « Prenez, et buvez-en tous, car ceci

Prière eucharistique nº 2

est la coupe de mon sang, le sang de l'Alliance nouvelle et éternelle, qui sera versé pour vous et pour la multitude en rémission des péchés. Vous ferez cela en mémoire de moi. »

(1) Il est grand, le mystère de la foi :
– Nous annonçons ta mort, Seigneur Jésus, nous proclamons ta résurrection, nous attendons ta venue dans la gloire.

(2) Acclamons le mystère de la foi :
– Quand nous mangeons ce pain et buvons à cette coupe, nous annonçons ta mort, Seigneur ressuscité, et nous attendons que tu viennes.

(3) Qu'il soit loué, le mystère de la foi :
– Sauveur du monde, sauve-nous ! Par ta croix et ta résurrection, tu nous as libérés.

ou Proclamons le mystère de la foi :
– Gloire à toi qui étais mort, gloire à toi qui es vivant, notre Sauveur et notre Dieu : viens, Seigneur Jésus !

(Voir p. 246 pour la version latine)

En faisant ainsi mémoire de la mort et de la résurrection de ton Fils, nous t'offrons, Seigneur, le pain de la vie et la coupe du salut, et nous te rendons grâce, car tu nous as estimés dignes de nous tenir devant toi pour te servir. Humblement, nous te demandons qu'en ayant part au corps et au sang du Christ, nous soyons rassemblés par l'Esprit Saint en un seul corps.

Souviens-toi, Seigneur, de ton Église répandue à travers le monde : fais-la grandir dans ta charité en union avec notre pape N., notre évêque N., et tous les évêques, les prêtres et les diacres.

Souviens-toi aussi de nos frères et sœurs qui se sont endormis dans l'espérance de la résurrection, et souviens-toi, dans ta miséricorde, de tous les défunts : accueille-les dans la lumière de ton visage.

Sur nous tous enfin, nous implorons ta bonté : permets qu'avec la Vierge Marie, la bienheureuse Mère de Dieu, avec saint Joseph, son époux, les Apôtres et tous les saints qui ont fait ta joie au long des âges, nous ayons part à la vie éternelle et que nous chantions ta louange et ta gloire, par ton Fils Jésus, le Christ.

Prière eucharistique n° 3

(Préfaces: p. 237)

Tu es vraiment saint, Dieu de l'univers, et il est juste que toute la création proclame ta louange, car c'est toi qui donnes la vie, c'est toi qui sanctifies toutes choses, par ton Fils, Jésus Christ, notre Seigneur, avec la puissance de l'Esprit Saint ; et tu ne cesses de rassembler ton peuple, afin que, du levant au couchant du soleil, une offrande pure soit présentée à ton nom.

Par lui, avec lui et en lui, à toi, Dieu le Père tout-puissant, dans l'unité du Saint-Esprit, tout honneur et toute gloire, pour les siècles des siècles.
— ***Amen.***

Vient ensuite le rite de la communion, p. 258.

(1) En semaine :
• C'est pourquoi nous te supplions, Seigneur, de consacrer toi-même les offrandes que nous apportons : •••

(2) Le dimanche :
• C'est pourquoi nous voici rassemblés devant toi, Dieu notre Père, et, dans la communion de toute l'Église, nous célébrons le jour où le Christ est ressuscité d'entre les morts. Par lui, que tu as élevé à ta droite, nous

te supplions de consacrer toi-même les offrandes que nous apportons : •••

(3) **Le 1er janvier :**

• C'est pourquoi nous voici rassemblés devant toi, Dieu notre Père, et, dans la communion de toute l'Église, nous célébrons le jour très saint où Marie, dans la gloire de sa virginité, enfanta le Sauveur du monde. Par lui, notre Rédempteur et notre Seigneur, nous te supplions de consacrer toi-même les offrandes que nous apportons : •••

(4) **Pour l'Épiphanie :**

• C'est pourquoi nous voici rassemblés devant toi, Dieu notre Père, et, dans la communion de toute l'Église, nous célébrons le jour très saint où ton Fils unique qui partage éternellement ta propre gloire s'est manifesté à nos yeux dans un vrai corps pris de notre chair. Par lui, notre Rédempteur et notre Sauveur, nous te supplions de consacrer toi-même les offrandes que nous apportons : •••

••• Sanctifie-les par ton Esprit pour qu'elles deviennent le corps ✠ et le sang de ton Fils, Jésus Christ, notre Seigneur, qui nous a dit de célébrer ce mystère.

La nuit même où il fut livré, il prit le pain, en te rendant grâce il dit la bénédiction, il rompit le pain, et le donna à ses disciples, en disant : « Prenez, et mangez-en tous : ceci est mon corps livré pour vous. »
De même, après le repas, il prit la coupe ; en te rendant grâce il dit la bénédiction, et donna la coupe à ses disciples, en disant : « Prenez, et buvez-en tous, car ceci est la coupe de mon sang, le sang de l'Alliance nouvelle et éternelle, qui sera versé pour vous et pour la multitude en rémission des péchés. Vous ferez cela en mémoire de moi. »

(1) Il est grand, le mystère de la foi :
— Nous annonçons ta mort, Seigneur Jésus, nous proclamons ta résurrection, nous attendons ta venue dans la gloire.
(2) Acclamons le mystère de la foi :
— Quand nous mangeons ce pain et buvons à cette coupe, nous annonçons ta mort, Seigneur ressuscité, et nous attendons que tu viennes.
(3) Qu'il soit loué, le mystère de la foi :
— Sauveur du monde, sauve-nous ! Par ta croix et ta résurrection, tu nous as libérés.
ou : Proclamons le mystère de la foi :
— Gloire à toi qui étais mort, gloire à toi qui es vivant, notre Sauveur et notre Dieu : viens, Seigneur Jésus !
(Voir p. 246 pour la version latine.)

En faisant ainsi mémoire de ton Fils, de sa passion qui nous sauve, de sa glorieuse résurrection et de son ascension dans le ciel, alors que nous attendons son dernier avènement, nous t'offrons, Seigneur, en action de grâce, ce sacrifice vivant et saint. Regarde, nous t'en prions, l'oblation de ton Église, et daigne y reconnaître ton Fils qui, selon ta volonté, s'est offert en sacrifice pour nous réconcilier avec toi. Quand nous serons nourris de son corps et de son sang, et remplis de l'Esprit Saint, accorde-nous d'être un seul corps et un seul esprit dans le Christ.

Que l'Esprit Saint fasse de nous une éternelle offrande à ta gloire, pour que nous obtenions un jour l'héritage promis, avec tes élus : en premier lieu la bienheureuse Vierge Marie, Mère de Dieu, avec saint Joseph, son époux, les bienheureux Apôtres, les glorieux martyrs, (saint N.) et tous les saints, qui ne cessent d'intercéder auprès de toi et nous assurent de ton secours.

Et maintenant nous te supplions, Seigneur : par le sacrifice qui nous réconcilie avec toi, étends au monde entier le salut et la paix. Affermis ton Église, en pèlerinage sur la terre, dans la foi et la charité, en union avec ton serviteur notre pape N., et notre évêque N., l'ensemble des évêques, les prêtres, les diacres, et tout le peuple que tu as racheté. Écoute, en ta bonté, les prières de ta famille, que tu as voulu rassembler devant toi. Dans ta miséricorde, ramène à toi, Père très aimant, tous tes enfants dispersés.

Pour nos frères et sœurs défunts, et pour tous ceux qui ont quitté ce monde et trouvent grâce devant toi, nous te prions : en ta bienveillance, accueille-les dans ton Royaume, où nous espérons être comblés de ta gloire, tous ensemble et pour l'éternité, par le Christ, notre Seigneur, par qui tu donnes au monde toute grâce et tout bien.

Par lui, avec lui et en lui, à toi, Dieu le Père tout-puissant, dans l'unité du Saint-Esprit, tout honneur et toute gloire, pour les siècles des siècles.

– *Amen.*

Vient ensuite le rite de la communion, p. 258.

Prière eucharistique n° 4

Vraiment, il est bon de te rendre grâce, il est juste et bon de te glorifier, Père très saint, car tu es le seul Dieu, le Dieu vivant et vrai : toi qui es avant tous les siècles, tu demeures éternellement, lumière au-delà de toute lumière. Toi, le Dieu de bonté, la source de la vie, tu as fait le monde pour que toute créature soit comblée de tes bénédictions, et que beaucoup se réjouissent de l'éclat de ta lumière. Ainsi, la foule innombrable des anges qui te servent jour et nuit se tiennent devant toi, et, contemplant la splendeur de ta face, n'interrompent jamais leur louange. Unis à leur hymne d'allégresse, avec la création tout entière qui t'acclame par nos voix, Dieu, nous te chantons (louons) :

Saint ! Saint ! Saint, le Seigneur,
Dieu de l'univers !
Le ciel et la terre
sont remplis de ta gloire.
Hosanna au plus haut des cieux.
Béni soit celui qui vient
au nom du Seigneur.
Hosanna au plus haut des cieux.

(Voir p. 243 pour la version latine.)

Père très saint, nous proclamons que tu es grand et que tu as fait toutes choses avec sagesse et par amour : tu as créé l'homme à ton image et tu lui as confié l'univers, afin qu'en te servant, toi seul, son Créateur, il règne sur la création. Comme il avait perdu ton amitié par sa désobéissance, tu ne l'as pas abandonné au pouvoir de la mort. Dans ta miséricorde, tu es venu en aide à tous les hommes pour qu'ils te cherchent et puissent te trouver. Tu as multiplié les alliances avec eux, et tu les as formés, par les prophètes, dans l'espérance du salut. Tu as tellement aimé le monde, Père très saint, que tu nous as envoyé ton Fils unique, lorsque les temps furent accomplis, pour qu'il soit notre Sauveur. Dieu fait homme, conçu de l'Esprit Saint, né de la Vierge Marie, il a vécu notre condition humaine en toute chose, excepté le péché, annonçant aux pauvres la bonne nouvelle du salut ; aux captifs, la délivrance ; aux affligés, la joie. Pour accomplir le dessein de ton amour, il s'est livré lui-même à la mort, et, par sa résurrection, il a détruit la mort et renouvelé la vie. Afin que désormais notre vie ne soit plus à nous-mêmes, mais à lui qui est mort et ressuscité pour nous, il a envoyé d'auprès de toi, Père, comme premier don fait aux croyants, l'Esprit Saint qui continue son œuvre dans le monde et achève toute sanctification.

Prière eucharistique n° 4

Que ce même Esprit Saint, nous t'en prions, Seigneur, sanctifie ces offrandes : qu'elles deviennent ainsi le corps + et le sang de notre Seigneur Jésus, le Christ, dans la célébration de ce grand mystère, que lui-même nous a laissé en signe de l'Alliance éternelle.

Quand l'heure fut venue où tu allais le glorifier, Père très saint, comme il avait aimé les siens qui étaient dans le monde, il les aima jusqu'au bout : pendant le repas qu'il partageait avec eux, il prit le pain, dit la bénédiction, le rompit et le donna à ses disciples, en disant : « Prenez, et mangez-en tous : ceci est mon corps livré pour vous. » De même, il prit la coupe remplie de vin, il rendit grâce, et la donna à ses disciples, en disant : « Prenez, et buvez-en tous, car ceci est la coupe de mon sang, le sang de l'Alliance nouvelle et éternelle, qui sera versé pour vous et pour la multitude en rémission des péchés. Vous ferez cela en mémoire de moi. »

(1) Il est grand, le mystère de la foi :
— Nous annonçons ta mort, Seigneur Jésus, nous proclamons ta résurrection, nous attendons ta venue dans la gloire.

(2) Acclamons le mystère de la foi :
— Quand nous mangeons ce pain et buvons à cette coupe, nous annonçons ta mort, Seigneur ressuscité, et nous attendons que tu viennes.

(3) Qu'il soit loué, le mystère de la foi :
— Sauveur du monde, sauve-nous ! Par ta croix et ta résurrection, tu nous as libérés.

ou : Proclamons le mystère de la foi :
— Gloire à toi qui étais mort, gloire à toi qui es vivant, notre Sauveur et notre Dieu : viens, Seigneur Jésus !

(Voir p. 246 pour la version latine.)

Voilà pourquoi, Seigneur, nous célébrons aujourd'hui le mémorial de notre rédemption : en rappelant la mort du Christ et sa descente au séjour des morts, en proclamant sa résurrection et son ascension à ta droite, en attendant sa venue dans la gloire, nous t'offrons son corps et son sang, le sacrifice qui est digne de toi et qui sauve le monde entier. Regarde, Seigneur, celui qui s'offre dans le sacrifice que toi-même as préparé pour ton Église, et, dans ta bonté, accorde à tous ceux qui vont partager ce pain et boire à cette coupe d'être rassemblés par l'Esprit Saint en un seul corps, pour qu'ils deviennent eux-mêmes dans le Christ une vivante offrande à la louange de ta gloire.

Et maintenant, Seigneur, rappelle-toi tous ceux pour qui nous offrons le sacrifice : en premier lieu, ton serviteur notre pape N., notre évêque N., et l'ensemble des évêques, les prêtres et les diacres, les fidèles qui présentent cette offrande, les membres de notre assemblée, le peuple entier qui t'appartient, et tous ceux qui te cherchent avec droiture.

Souviens-toi aussi de ceux qui sont morts dans la paix du Christ, et de tous les défunts dont toi seul connais la foi.

À nous qui sommes tes enfants, accorde, Père très bon, l'héritage de la vie éternelle auprès de la Vierge Marie, la bienheureuse Mère de Dieu, auprès de saint Joseph, son époux, des Apôtres et de tous les saints, dans ton Royaume. Nous pourrons alors, avec la création tout entière, enfin libérée de la corruption du péché et de la mort, te glorifier par le Christ, notre Seigneur, par qui tu donnes au monde toute grâce et tout bien.

Par lui, avec lui et en lui, à toi, Dieu le Père tout-puissant, dans l'unité du Saint-Esprit, tout honneur et toute gloire, pour les siècles des siècles. – ***Amen.***

Vient ensuite le rite de la communion, p. 258.

RITE DE LA COMMUNION

Notre Père

(1) Comme nous l'avons appris du Sauveur, et selon son commandement, nous osons dire :

(2) Unis dans le même Esprit, nous pouvons dire avec confiance la prière que nous avons reçue du Sauveur :

Notre Père qui es aux cieux, que ton nom soit sanctifié,
que ton règne vienne, que ta volonté soit faite sur la terre comme au ciel.
Donne-nous aujourd'hui notre pain de ce jour. Pardonne-nous nos offenses,
comme nous pardonnons aussi à ceux qui nous ont offensés.
Et ne nous laisse pas entrer en tentation, mais délivre-nous du Mal.

(3) Præceptis salutaribus moniti, et divina institutione formati, audemus dicere : Pater noster, qui es in cælis : sanctificetur nomen tuum ; adveniat regnum tuum ; fiat voluntas tua, sicut in cælo, et in terra. Panem nostrum cotidianum da nobis hodie ; et dimitte nobis debita nostra, sicut et nos dimittimus debitoribus nostris ; et ne nos inducas in tentationem ; sed libera nos a malo.

Délivre-nous de tout mal, Seigneur, et donne la paix à notre temps : soutenus par ta miséricorde, nous serons libérés de tout péché, à l'abri de toute épreuve, nous qui attendons que se réalise cette bienheureuse espérance : l'avènement de Jésus Christ, notre Sauveur.

— Car c'est à toi qu'appartiennent le règne,
la puissance et la gloire pour les siècles des siècles !

Échange de la paix

Seigneur Jésus Christ, tu as dit à tes Apôtres : « Je vous laisse la paix, je vous donne ma paix » ; ne regarde pas nos péchés mais la foi de ton Église ; pour que ta volonté s'accomplisse, donne-lui toujours cette paix, et conduis-la vers l'unité parfaite, toi qui vis et règnes pour les siècles des siècles. **– *Amen.***
Que la paix du Seigneur soit toujours avec vous. **– *Et avec votre esprit.***
Dans la charité du Christ, donnez-vous la paix.

Fraction du pain

Que le corps et le sang de notre Seigneur Jésus Christ, réunis dans cette coupe, nourrissent en nous la vie éternelle.

Agneau de Dieu

Agneau de Dieu, qui enlèves les péchés du monde, prends pitié de nous. *(bis)*
Agneau de Dieu, qui enlèves les péchés du monde, donne-nous la paix.

Agnus Dei, qui tollis peccata mundi, miserere nobis. (bis)
Agnus Dei, qui tollis peccata mundi, dona nobis pacem.

Communion

(1) Seigneur Jésus Christ, Fils du Dieu vivant, selon la volonté du Père et avec la puissance du Saint-Esprit, tu as donné, par ta mort, la vie au monde ; que ton corps et ton sang très saints me délivrent de mes péchés et de tout mal ; fais que je demeure fidèle à tes commandements et que jamais je ne sois séparé de toi.

(2) Seigneur Jésus Christ, que cette communion à ton corps et à ton sang n'entraîne pour moi ni jugement ni condamnation ; mais que, par ta bonté, elle soutienne mon esprit et mon corps et me donne la guérison.

Voici l'Agneau de Dieu, voici celui qui enlève les péchés du monde.
Heureux les invités au repas des noces de l'Agneau !
— Seigneur, je ne suis pas digne de te recevoir ;
mais dis seulement une parole, et je serai guéri.

Chant de communion *ou antienne de la communion.*

Prière après la communion *voir à la date du jour.*

RITE DE CONCLUSION

Le Seigneur soit avec vous.
— Et avec votre esprit.
Que Dieu tout-puissant vous bénisse, le Père, et le Fils, + et le Saint-Esprit.
— Amen.

Puis le diacre, ou le prêtre lui-même, les mains jointes, tourné vers l'assemblée, dit :
(1) Allez, dans la paix du Christ.
(2) Allez porter l'Évangile du Seigneur.
(3) Allez en paix, glorifiez le Seigneur par votre vie.
(4) Allez en paix.
— Nous rendons grâce à Dieu.

Chants pour la célébration

Les chants en rouge sont consultables à la page indiquée. **Les chants en noir** sont référencés avec leur cote SECLI.

	Ouverture	Renvoi	Communion / Action de grâce	Renvoi
1er jan.	Marie, Mère de Dieu	p. 264	Toi qui ravis le cœur de Dieu	p. 268
	Adeste Fideles (Peuple fidèle)		Tu as porté celui qui porte tout	V44-77
	Tout le ciel s'emplit	F58	Nourris du même pain	D81
8 jan.	Comme l'astre du matin	p. 262	Terre de Noël	p. 269
	Sur le chemin de ton étoile	FA53-88	Il est venu parmi les siens	FP41-24-1
	Jubilez, tous les peuples	T25-91	À l'orient, l'étoile a paru	FP44
14 jan.	L'Esprit de Dieu repose sur moi	p. 263	Tu fais ta demeure en nous	p. 270
	Aujourd'hui s'est levée la lumière	FX515	Dieu Très-Haut qui fais merveille	Y127-1
	Rassemblés dans ta maison de lumière	A63-74-2	L'Esprit de Dieu repose sur moi	KX35
22 jan.	Goûtez la Parole	X56-94	Prenez et mangez	D52-67
	Tenons en éveil la mémoire du Seigneur	Y243-1	En marchant vers toi, Seigneur	p. 270
	Que vive mon âme à te louer	p. 265	Lumière pour l'homme aujourd'hui	EP61-3
29 jan.	Nous serons bienheureux	W48-90	Chant des béatitudes	X748
	Jubilez ! Criez de joie	Y68-11	Heureux, bienheureux	p. 271
	Appelés enfants de Dieu	p. 266	Nourris du même pain	D81

Suggestions pour janvier 2023 proposées par Thibault Van Den Driessche, avec ChantonsenÉglise

Comme l'astre du matin (Ouverture)

EDIT424 ; T. : C. Singer ; M. : J.-P. Kempf ; ADF Studio SM.

② Quand nous visitons le vieillard délaissé,
quand nous détruisons les anneaux des captifs,
quand nous rejetons la haine et le mépris,
quand nous reprenons les chemins du Seigneur.

③ Quand nous écrivons notre amour dans les mots,
quand nous construisons sur le droit et la paix,
quand nous annonçons la parole du Seigneur,
quand nous écrivons sur nos fronts : Joie de Dieu.

L'Esprit de Dieu repose sur moi *(Ouverture)*

KX35 ; T. : L. Deiss ; Studio SM.

Antienne : **L'Esprit de Dieu repose sur moi, l'Esprit de Dieu m'a consacré,**
l'Esprit de Dieu m'a envoyé proclamer la paix, la joie.

① L'Esprit de Dieu m'a choisi, pour étendre le règne du Christ parmi les nations,
pour proclamer la Bonne Nouvelle à ses pauvres.
J'exulte de joie en Dieu, mon Sauveur !

② L'Esprit de Dieu m'a choisi, pour étendre le règne du Christ parmi les nations,
pour consoler les cœurs accablés de souffrance.
J'exulte de joie en Dieu, mon Sauveur !

Marie, Mère de Dieu (Ouverture)

T. et M. : M. Penhard; Éditions de l'Emmanuel.

② Par toi le Verbe a pris chair,
ô Marie comblée de grâce.
Réjouis-toi, Vierge bénie.

③ L'Esprit Saint te conduit
ô Marie, toute ta vie.
Réjouis-toi, Vierge très sainte.

④ Tu médites en ton cœur
la parole que Dieu nous donne.
Heureuse es-tu, toi qui as cru.

Que vive mon âme à te louer *(Ouverture)*

T. et M. : B. Ducatel ; Éd. de l'Emmanuel.

Refrain : **Que vive mon âme à te louer,**
tu as posé une lampe,
une lumière sur ma route,
ta parole Seigneur, ta parole Seigneur.

① **Heureux ceux qui marchent dans tes voies Seigneur !**
De tout mon cœur je veux garder ta parole,
ne me délaisse pas Dieu de ma joie.

② **Heureux ceux qui veulent faire ta volonté !**
Je cours sans peur sur la voie de tes préceptes
et mes lèvres publient ta vérité.

③ **Heureux ceux qui suivent tes commandements !**
Oui, plus que l'or, que l'or fin, j'aime ta loi ;
plus douce que le miel est ta promesse.

④ **Heureux ceux qui méditent sur la Sagesse !**
Vivifie-moi, apprends-moi tes volontés ;
dès l'aube, de ta joie tu m'as comblé.

Appelés enfants de Dieu (Ouverture)

A35-10 ; T. : D.-M. David ; M. : L. E. Labarthe ; Éd. de l'Emmanuel.

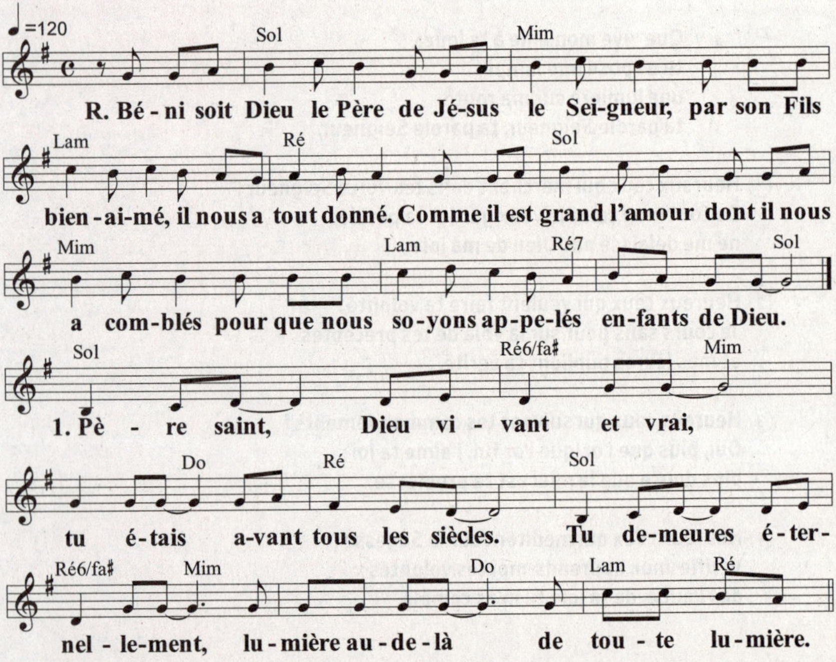

② Dieu très grand, source de la vie,
tu as fait l'homme à ton image.
Tu lui as confié l'univers
pour qu'en te servant, il règne sur terre.

③ Dieu très bon, Père plein d'amour,
nous étions perdus loin de toi.
Tu es venu nous rechercher,
tu nous as montré ta fidélité.

④ En ces temps qui sont les derniers,
en ton Fils, tu as tout donné.
Il a pris notre humanité
pour que nous soyons tes fils bien-aimés.

⑤ Pour que nos vies soient tout à lui,
il nous a envoyé l'Esprit.
Il demeure en chacun de nous,
soyons les témoins du Règne qui vient !

Toi qui ravis le cœur de Dieu *(Action de grâce)*

VP136-2; T. : CFC / CNPL; M. : J. Berthier; Éd. Sodec.

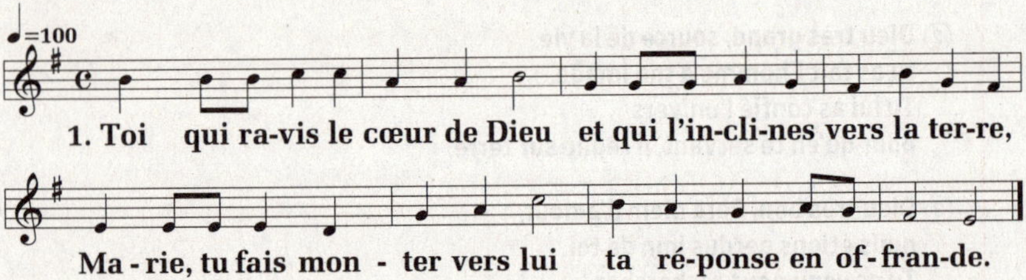

② Toi qui reçois l'appel de Dieu
comme une terre la semence,
tu laisses prendre corps en toi
l'espérance nouvelle.

③ L'homme a perdu la joie de Dieu
en refusant la ressemblance ;
par toi le Fils nous est donné,
qui nous rend à son Père.

④ Vierge bénie qui portes Dieu,
promesse et gage de l'Alliance,
l'amour en toi rejoint nos vies
et les prend dans la sienne.

Terre de Noël (Communion)

D36-01 ; T. : M. Scouarnec ; M. : J. Akepsimas ; ADF musique.

Refrain : **Terre de Noël,**
tu deviens maison de Dieu.
Terre de Noël, Bethléem,
maison du pain venu du ciel !

① **Qui mange de ce pain**
n'aura plus jamais faim.
En lui vivra l'Esprit de Dieu-Emmanuel. *(bis)*

② **Qui marche avec le Christ**
n'aura plus jamais peur.
En lui naîtra la paix de Dieu-Emmanuel. *(bis)*

③ **Les pauvres sont premiers**
au festin de l'amour.
Sur eux viendra la joie de Dieu-Emmanuel. *(bis)*

Tu fais ta demeure en nous (Communion)

D56-49; T. et M. : Chants de l'Emmanuel (S. Drouineau); Éd. de l'Emmanuel.

Refrain : **Tu es là présent, livré pour nous.**
Toi le tout-petit, le serviteur.
Toi, le Tout-Puissant, humblement tu t'abaisses.
Tu fais ta demeure en nous, Seigneur.

① **Le pain que nous mangeons,**
le vin que nous buvons,
c'est ton corps et ton sang,
tu nous livres ta vie,
tu nous ouvres ton cœur,
tu fais ta demeure en nous, Seigneur.

② **Par le don de ta vie,**
tu désires aujourd'hui
reposer en nos cœurs,
brûlé de charité,
assoiffé d'être aimé,
tu fais ta demeure en nous, Seigneur.

En marchant vers toi, Seigneur (Communion)

D380; T. et M. : J.-P. Lécot, prose ancienne; Lethielleux (DDB).

Refrain : **En marchant vers toi, Seigneur, notre cœur est plein de joie :**
ta lumière nous conduit vers le Père, dans l'Esprit, au royaume de la vie.

① **Par ce pain que nous mangeons,**
pain des pauvres, pain des forts,
tu restaures notre corps,
tu apaises notre faim
jusqu'au jour de ton retour.

② **Par ce pain que nous mangeons,**
pain des anges, pain du ciel,
tu nourris nos corps mortels,
tu nous ouvres le banquet
qui n'aura jamais de fin.

Heureux, bienheureux *(Action de grâce)*

X589 ; T. et M. : Cté de l'Emmanuel ; L'Emmanuel.

Refrain : **Heureux, bienheureux, qui écoute la parole de Dieu.**
Heureux, bienheureux, qui la garde dans son cœur.

① **Heureux ceux qui ont une âme de pauvre,**
car le royaume des Cieux est à eux.
Heureux les doux,
car ils posséderont la terre.

② **Heureux les affligés,**
car ils seront consolés.
Heureux les affamés et assoiffés de justice,
car ils seront rassasiés.

③ **Heureux les miséricordieux,**
car ils obtiendront miséricorde.
Heureux les cœurs purs,
car ils verront Dieu.

④ **Heureux les artisans de paix,**
car ils seront appelés fils de Dieu.
Heureux les persécutés pour la justice,
car le royaume des Cieux est à eux.

LES RENDEZ-VOUS DE JANVIER 2023

SOMMAIRE

Une année bien orientée

Karem Bustica
Rédactrice en chef de Prions en Église

« Un autre vœu pour 2023 : celui d'accepter de lire, d'écouter, de partager la parole de Dieu avec un cœur renouvelé. »

Bonne année, chers lecteurs ! Qu'allons-nous vous souhaiter en ce mois de janvier ? Le bonheur, la santé, la sainteté bien entendu, à vous et votre famille. Et aussi, peut-être de vivre « une visitation » ainsi qu'en témoigne Marie-Laure, en relisant pour nous sa vie de prière et sa rencontre avec Dieu. Nous vous souhaitons encore de saisir toute occasion de partager votre « joie d'être catholique », comme nous le confie Marguerite, infirmière en monde musulman, au Cameroun avec la DCC. Et puis, nous vous souhaitons vivement de « rencontrer des anges », comme nous y invite le père Jacques Nieuviarts, nous aidant à discerner leur passage avec les mots complices de la Bible. Un autre vœu pour 2023: celui d'accepter de lire, d'écouter, de partager la parole de Dieu avec un cœur renouvelé… vu que « la parole de Dieu est simple pour qui a le cœur simple », insiste sœur Anne Lécu. Et si jamais des vents contraires venaient à se lever au cours de la nouvelle année, nous vous souhaitons de « vous orienter », telle l'architecture d'un bâtiment chrétien ainsi que nous la décrypte Venceslas Deblock. Orientés vers le Christ, assurément ! ■

LES ANGES DANS LES ÉCRITURES

Jacques Nieuviarts, prêtre assomptionniste

Les anges, compagnons des hommes

Ne voulant perdre aucun de nous, Dieu place sur notre route des compagnons, ses messagers, nous assurant ainsi de sa proximité avec nous. Savons-nous reconnaître ces êtres discrets et amicaux ?

Dieu ne cesse de se rendre proche des hommes. C'est ce que montre à l'envi la Bible, parsemée de cailloux blancs, comme le chemin du Petit Poucet, pour que personne ne s'y perde. Mieux que des cailloux blancs même, elle place, en compagnons du chemin des hommes, des « messagers de Dieu ». Ils sont présents en particulier auprès de ceux à qui Dieu donne mission pour son peuple, et semblent tisser entre ciel et terre un monde, parfois invisible, souvent très perceptible. Car ce sont des êtres que l'on peut rencontrer, toucher, avec lesquels on peut converser, et qui nous assurent de la proximité précieuse de Dieu.

« Messagers », ils expriment le projet de Dieu, son désir ou sa volonté pour son peuple. C'est d'ailleurs la signification du mot « ange », que ce soit en grec *(aggelos)*, ou transposé simplement en latin *(angelus)*, ou encore en hébreu, où le terme *(mal'ãk)*, d'usage profane, est toujours utilisé dans la Bible au sens de « messager de Dieu ». Les représentations des anges ont évolué dans la Bible au fil de l'histoire, et c'est à partir du Ve siècle qu'ils sont représentés, dans l'art, avec des ailes aux couleurs magnifiques.

Relisons le psaume: « Le Seigneur est ton refuge [...]. Le malheur ne pourra te toucher, ni le danger, approcher de ta demeure: il donne mission à ses anges de te garder sur tous tes chemins. Ils te porteront sur leurs mains pour que ton pied ne heurte les pierres » (Ps 90, 9-12). Les anges habitent la vie des hommes, ils sont leurs compagnons. Ainsi la Bible trace-t-elle mystérieusement le chemin de Dieu au milieu des hommes, sans que nous sachions si ces messagers de Dieu nous parlent à voix claire ou seulement intérieurement. Et cette question souvent nous taraude. En d'autres termes, sont-ils ce que nous nommons habituellement des anges, ou « seulement » des messagers?

Les « messagers de Dieu » sont présents en particulier auprès de ceux à qui Dieu donne mission pour son peuple.

Mais nous-mêmes, ne rencontrons-nous pas ces limites souvent indiscernables dans nos vies? En d'autres termes, n'avons-nous jamais rencontré d'anges? Je croirais volontiers que si. Ces êtres (humains) qui, parfois, ne font qu'apparaître sur notre chemin et nous indiquent d'un mot, un geste amical, une parole, le nôtre qui s'en trouve alors changé. Pourrions-nous y reconnaître plus tard celui de Dieu? ■

LES SECONDS RÔLES DANS LA BIBLE

Anne Lécu, dominicaine

La jeune esclave de Naaman

Fallait-il, sur le conseil d'une fillette captive, déranger un général du roi d'Aram pour une banale baignade ? Il en sortira guéri de sa lèpre, mais aussi confiant en la puissance du Dieu d'Israël.

Naaman est un homme important, haut gradé de l'armée du roi d'Aram. Or, il est atteint de lèpre. Dans son personnel se trouve une fillette, une jeune esclave d'Israël qui, faite prisonnière par l'armée araméenne, est au service de son épouse. C'est elle qui conseille à sa maîtresse de contacter Élisée, prophète en Samarie. Nul ne sait le nom de cette petite, mais toute l'histoire qui se déroule au chapitre 5 du second livre des Rois lui est due. Naaman, sans doute désespéré, la croit et va trouver le roi d'Aram pour lui demander l'autorisation de partir à la rencontre du prophète. Le roi d'Aram fait un courrier en ce sens à son homologue le roi d'Israël, qui n'y comprend rien et suppose qu'il y a là une provocation de son adversaire. Le texte biblique prend bien soin de distinguer les hommes de foi des autres. Parmi ceux qui croient : la petite fille, Naaman, son épouse et le roi d'Aram. Parmi ceux qui doutent : le roi d'Israël. Heureusement, Élisée le prophète est là et propose au roi d'Israël de rencontrer Naaman. Le jour où le général du roi d'Aram arrive devant sa maison, Élisée lui fait parvenir ce message : « Va te baigner sept fois dans le Jourdain, et ta chair redeviendra nette, tu seras purifié. » (2 R 5, 10). Naaman est assez furieux : faire toute cette route pour aller simplement faire trempette alors qu'il aurait pu faire pareil chez lui, quelle mascarade ! Il espérait rencontrer un prophète brillant et vivre une grande célébration avec imposition des mains et invocation du Très-Haut, mais rien. Ce sont ...

Première Alliance

Ses serviteurs s'approchèrent pour lui dire :
« Père ! Si le prophète t'avait ordonné quelque chose de difficile, tu l'aurais fait, n'est-ce pas ? Combien plus, lorsqu'il te dit : "Baigne-toi, et tu seras purifié." »

2 Rois 5, 13

… ses serviteurs, anonymes comme la fillette, qui lui remettent les idées à l'endroit : le prophète demande quelque chose de simple, pourquoi le refuser ? Bonne question. Pourquoi courir après le sensationnel, les guérisons magiques, alors que la parole de Dieu est simple pour qui a le cœur simple ? Naaman accepte et va se baigner dans le Jourdain. Il est guéri de sa lèpre et s'en retourne alors chez Élisée pour dire sa foi et sa reconnaissance. Bien que Naaman soit riche, Élisée ne veut rien recevoir de lui, mais son serviteur, Guéhazi, arrive par ruse à lui extorquer des lingots et se retrouve couvert de lèpre. Les personnages inconnus, étrangers, sont ceux qui permettent à Naaman de mettre ses pas dans la foi au Dieu d'Israël, tandis que les Israélites, le roi et le serviteur d'Élisée sont ceux qui s'en détournent.

Il nous faut écouter, dans la Bible comme dans la vie, les petites voix des inconnus, de la jeune esclave et des serviteurs d'un notable étranger. Ils pourraient bien nous dire quelque chose du salut offert à tous pour notre Dieu. ■

Nouvelle Alliance

« Alors Jésus prit la parole en disant: "Tous les dix n'ont-ils pas été purifiés ? Les neuf autres, où sont-ils ? Il ne s'est trouvé parmi eux que cet étranger pour revenir sur ses pas et rendre gloire à Dieu !" »

Luc 17, 17-18

Emmanuelle Billoteau, ermite

Sous le signe de la bénédiction

L'octave de Noël entame la nouvelle année civile. Pour nous, chrétiens, la naissance de Jésus Christ est une bénédiction à recevoir, un événement unique, certes, mais dont les grâces ne cessent de se proposer à nous.

En ce premier jour du mois de janvier, nous fêtons la solennité de Marie Mère de Dieu. Avant la réforme liturgique de Vatican II, l'Église célébrait ce jour-là la circoncision de Jésus, huit jours après sa naissance, conformément à la loi de Moïse, sachant qu'à cette occasion l'enfant recevait son nom : Jésus, « Dieu sauve ». Ce que mentionne l'évangile de Luc. Si cette date a été choisie pour célébrer Marie Mère de Dieu, c'est dans le souci « d'introduire de façon plus organique, et en marquant davantage le lien qui les unit, la mémoire de la Mère dans le cycle annuel des mystères de son Fils » (Paul VI, exhortation apostolique *Marialis cultus*, § 2). Cela étant, l'appellation de « Mère de Dieu, Theotokos » n'est pas une innovation. Elle date officiellement du concile d'Éphèse (431), •••

… à une époque où la foi au Christ, vrai Dieu et vrai homme, était remise en cause ou cherchait les formulations les plus adéquates possibles. C'est dans ce contexte, après l'hérésie d'Arius, prêtre d'Alexandrie qui niait la divinité du Christ, que Nestorius, patriarche de Constantinople, contesta à Marie le titre de « Mère de Dieu ». Pour lui, Marie était la mère de l'homme Jésus mais ne pouvait être la Mère de Dieu – ce qui remettait en cause l'union de l'humanité et de la divinité en la personne de Jésus et, donc, la plénitude de la bénédiction donnée dans le Christ.

La liturgie des Heures de cette solennité insiste sur l'« admirable échange » entre Dieu et l'humanité: Dieu, auteur de la vie, s'est fait homme pour nous donner part à sa divinité. « En devenant ce que tu n'étais pas, tu demeures celui que tu es », dit l'antienne du cantique de Zacharie chanté à la fin de l'office des laudes. Une autre antienne nous invite à voir en Marie le buisson ardent où Dieu se révéla à Moïse, elle que n'a pas consumée la divinité de son Fils. Quant aux textes scripturaires et aux pièces liturgiques de la messe, ils articulent plusieurs thématiques et, tout en fêtant Marie, ne cessent de nous recentrer sur le Christ et le mystère de l'Incarnation, sans oublier de le resituer dans l'histoire du salut avec ce qu'elle nous dit de la fidélité de Dieu inscrite dans notre temps humain. Ainsi, le livre des Nombres nous rappelle que Dieu bénit et, en conséquence, que nous sommes nous aussi appelés à bénir. La bénédiction s'exprime ici par le geste de Dieu qui « se penche » vers sa créature et se donne, donc, à rencontrer en intervenant dans le cours de son existence. La bénédiction est aussi liée à la lumière et à la paix éprouvées par ceux qui l'accueillent. Dans la 2e lecture du 1er janvier, Paul, lui, met en avant l'accomplissement des temps au terme desquels Dieu a envoyé son Fils dans une chair semblable à la nôtre et dans un peuple particulier, le peuple juif. La bénédiction reçue se dit ici dans le don de l'Esprit et l'accès à l'état de fils, habilités à appeler Dieu « Père ». Enfin, l'évangile nous conduit à Bethléem avec les bergers pour contempler l'enfant Jésus avec Marie et Joseph. Nous apprenons que Marie « gardait dans son cœur tous ces événements » (Lc 2, 51). Par là, elle nous montre qu'être disciple c'est mettre le Christ au centre de sa vie et se laisser conduire par lui vers le Père, dans l'Esprit.

> *L'appellation « Mère de Dieu » date d'une époque où la foi au Christ, vrai Dieu et vrai homme, était remise en cause.*

Les pièces liturgiques, tout en « saluant » Marie, mènent au Christ: « Roi qui gouverne le ciel et la terre pour les siècles sans fin », ou encore, « lumière […]: Dieu admirable, Père-à-jamais, Prince-de-la-Paix (antiennes d'ouverture). Si Marie est celle « qui nous permit d'accueillir l'auteur de la vie, Jésus Christ », si nous savons « qu'elle intercède en notre faveur », notre prière s'adresse à Dieu (prière d'ouverture). Dieu contemplé comme « origine de tout bien », et qui mène ce bien « à sa perfection » (prière sur les offrandes). Nous comprenons ainsi le rôle indispensable de Marie et de « son oui » dans l'œuvre du salut, mais aussi sa place de créature déjà restaurée dans toute sa beauté. ■

LE SYNODE VU DE L'ÉTRANGER

Des témoins du synode sur la synodalité – qui poursuit son chemin dans sa phase continentale – nous racontent ce qui se vit dans leur pays.

Faisons route ensemble !

DR

Guy Aimé Eblotié, journaliste à *La Croix Africa*, habite à Yopougon dans le district d'Abidjan en Côte d'Ivoire. Le synode a, pour lui, rempli son objectif de réunir un maximum de fidèles. Il évoque la problématique de la coordination et du partage des tâches dans les paroisses entre les fidèles et les prêtres.

YOPOUGON, CÔTE D'IVOIRE « La surprise de ce synode a été cette grande mobilisation de la part des catholiques ivoiriens. Nous n'avons pas de données statistiques précises mais selon l'équipe nationale de contact du synode, une grande majorité a contribué à la réalisation du compte rendu envoyé au Vatican. L'ensemble des questionnaires ont été regroupés dans un dossier. Ici, dans le diocèse de Yopougon, l'équipe composée de religieux, clercs et laïcs et présidée par le vicaire général a veillé à simplifier et traduire les questions aux habitants des zones rurales qui ne parlent pas forcément le français.

La coresponsabilité et la collaboration entre les laïcs et le clergé, voilà le premier point soulevé qui s'est lu sur les lèvres de bon nombre de catholiques ivoiriens durant les consultations. Ce sujet, omniprésent dans les débats, que ce soit dans ma paroisse ou ailleurs, fait référence aux problématiques propres à notre pays: celles de la coordination et du partage des tâches dans les paroisses entre les fidèles et les prêtres.

Une cohérence attendue

Le synode en Côte d'Ivoire a été d'une très grande utilité pour plusieurs raisons. Tout d'abord, cette phase de discussions au sein des équipes locales (paroissiales, communautés ecclésiales de base ou associations) a permis aux évêques, parfois surpris par l'opinion des fidèles, de les entendre et de retranscrire la totalité de leurs propos. Il faut comprendre aussi la manière de fonctionner des équipes locales: la question de la place des fidèles n'est pas forcément prise avec sérieux tant qu'elle n'est pas exprimée sous forme d'injonction. Là, c'est un appel qui vient du pape, donc nous sommes obligés d'y obéir. Pour cela, cette phase synodale était nécessaire afin que les laïcs exercent davantage de responsabilités dans les églises locales, qui leur appartiennent plus qu'aux clercs qui sont mutés assez régulièrement.

Les débats en paroisses ont abordé les questions d'ethnocentrisme, de racisme, de tribalisme, de sexisme ainsi que la question du genre. En entendant les différentes voix qui s'expriment sur ces sujets, les fidèles attendent une réponse cohérente, unique. Si l'objectif était de discuter et de recueillir leur avis et celui des communautés sur leur territoire, nous l'avons atteint. Il était nécessaire d'évoquer ensemble la gestion de la paroisse. Maintenant, nous attendons les retours de Rome avec impatience pour appliquer les nouvelles résolutions en paroisses. » ■

Propos recueillis par
Anne-Quitterie Jozeau

Vencelas Deblock, prêtre du diocèse de Cambrai, historien de l'art

Orientés vers le Christ

Deux grands principes ont orienté l'édification des églises depuis l'Antiquité, l'orientation et la place de l'autel. Une double réalité qui exprime la foi de l'Église dans le retour du Christ.

Si les mosquées sont toutes tournées vers La Mecque (Arabie saoudite), beaucoup de nos églises sont orientées, c'est-à-dire bâties sur un axe ouest-est. Toutefois, pour les chrétiens, il ne s'agit pas de pointer vers une ville sainte, comme Jérusalem, ou un lieu géographique précis.

Cette orientation des édifices religieux n'apparaît pas avec le christianisme. Depuis la plus haute Antiquité et dans de nombreuses cultures, les païens avaient coutume de se tourner vers l'orient, vers le soleil levant, pour prier. Ils construisaient de ce côté la façade la plus ornée de leurs temples. Les premiers chrétiens se conformèrent donc à cet usage en l'interprétant dans la foi: ils assimilèrent le Christ à « l'astre du matin » en référence au psaume 18 ou à une tradition selon laquelle c'est au Levant que le Christ juge apparaîtra. Ils inscrivaient ainsi dans l'architecture leur espérance du retour glorieux du Christ.

Ce choix architectural n'est pourtant pas absolu. Toutes les églises ne se conforment pas à cette orientation. Dès les premières constructions d'églises, parfois parmi les plus importantes, il y a des exceptions. Par exemple à Rome, les basiliques majeures de Saint-Pierre du Vatican et de Saint-Jean-de-Latran (IVe siècle) sont « occidentées », tournées vers l'occident.

Un autre principe oriente les églises depuis l'origine. Il s'agit de l'autel. Sa place centrale a été remise en valeur par la réforme liturgique du concile Vatican II. L'autel représente le Christ autour duquel l'assemblée célèbre et atteste de sa présence sacramentelle dès maintenant.

© Godong / Bridgeman Images

Tympan de l'abbaye Sainte Foy à Conques.

L'orientation des églises et les décors qui attirent le regard, comme les chœurs gothiques inondés de lumière ou les retables baroques représentant la gloire céleste, lumineuse et peuplée d'anges, expriment la foi de l'Église dans le retour du Christ à la fin des temps.

Cette double réalité architecturale exprime la tension eschatologique, autrement dit le Christ « déjà là » parmi nous et « pas encore » manifesté dans sa gloire, que nous célébrons dans nos églises. ■

Propos recueillis par **Frédéric Pascal**, journaliste

« La pause prière, comme un câlin rassurant »

Marie-Laure Rocher, 53 ans, vivant à Saint-Mandé (94), est mère de deux filles et cheffe de projet multimédia. Elle explique comment le confinement de 2020 lui a permis de mettre la prière au cœur de sa vie.

« Le confinement a été une chance pour moi. Depuis la pandémie de Covid-19, je suis en télétravail et je peux maîtriser mon emploi du temps plus aisément. Cela me permet d'aller tranquillement à la messe le matin, entre 9 heures et 9 h 30. Avec les paroissiens que je retrouve ainsi trois fois par semaine, nous formons une vraie communauté. Cette communauté de croyants, c'est la manifestation d'une promesse que Dieu m'a faite, il y a une dizaine d'années, la promesse que je ne serai jamais seule. Je vivais alors un grand conflit intérieur. Je crois que c'est la première fois que je me suis mise à vraiment écouter le Seigneur. Et j'ai entendu : "Ne t'inquiète pas, je suis là et je t'aime." J'ai connu une "visitation". Oui, le Seigneur m'aime telle que je suis. Il a toujours été là. Il ne me lâchera jamais. La terre peut s'écrouler, je peux traverser toutes les épreuves, il est là. C'est ce que me

© Sandrine Martin

rappellent les psaumes, que j'aime tant : "Il m'a libéré, car il m'aime" (Ps 17, 20), "Plus rien ne me fait peur !" (Ps 55, 5), "Lui seul est mon rocher, mon salut, ma citadelle : je suis inébranlable" (Ps 61, 3)…

Ces psaumes, j'aime les retrouver quelques instants dans ma journée, quand je prie les complies ou les laudes sur l'application *Prions en Église*. L'appli m'aide à prier facilement. Je sors mon téléphone, je consulte le commentaire d'évangile ou d'œuvre d'art, le psaume du jour ou une playlist de chants… Cela me permet de rester à l'écoute du Seigneur dans des moments de pause ou face à une situation de stress. C'est un peu comme si j'avais besoin d'un câlin qui me rassure, comme si je posais ma tête contre son cœur. Il me l'a dit : il est là. Je l'imagine : mentalement, je me pose contre lui. Cela dure un instant, quelques secondes parfois, mais cela me suffit pour me redonner de l'élan. » ■

QUESTION DU MOIS

Pourquoi et comment lire la Bible?

La Bible est un ensemble de livres communément classés en deux parties, Ancien Testament et Nouveau Testament. Parfois désignée « Écritures », elle est considérée par certains comme livre de littérature historique. Mais les chrétiens y reconnaissent la révélation de Dieu et de l'Alliance qu'il a voulu sceller avec l'humanité, alliance définitivement accomplie par la Pâque de Jésus, Fils de Dieu. Inspirée à des auteurs par l'Esprit Saint, la Bible est, pour les croyants, parole de Dieu.

Lire la Bible du début à la fin a moins de sens que l'aborder pour y rencontrer Dieu : chaque jour, l'Église en propose des extraits à notre prière, ou bien on peut aussi entreprendre en équipe la lecture d'un des quatre évangiles, etc. La lecture croyante de la Bible nourrit la vie des baptisés et renouvelle sans cesse leur compréhension du salut des hommes en Jésus Christ. Elle est source d'action de grâce et de méditation.

L'Église enseigne la nécessité de lire, méditer, prier la Parole : par elle, Dieu notre Père nous façonne à son image, le Christ nous montre le chemin à suivre, les mots de la prière sont offerts à tous les enfants de Dieu. Les psaumes, par exemple, se prêtent à la mémorisation et au chant : la liturgie des Heures manifeste que la parole biblique est beaucoup plus qu'un simple texte. ■

Michèle Clavier,
théologienne

Pèlerinage en Terre sainte

Les Jours saints à Jérusalem

Tous les pèlerins vous le diront : la découverte de la Terre Sainte est un moment extraordinaire pour la vie de foi.
Et si vous en faisiez l'expérience ? Mieux encore : si nous marchions sur les pas de Jésus pendant la plus belle semaine de l'année, la Semaine sainte ? Ensemble, partons pour un triduum pascal exceptionnel à Jérusalem et vivifions notre foi en Jésus mort et ressuscité !

Venceslas Deblock,
prêtre du diocèse de Cambrai

Marguerite Olagne, volontaire avec la DCC et infirmière au Cameroun

Une présence, source d'espérance

« À Foumban, à l'ouest du Cameroun, 80 % de la population est musulmane. Deux églises sont présentes dans la ville et me permettent de continuer à vivre ma foi, de découvrir de nouveaux visages de l'Église et de participer aux temps forts de l'année, en communauté. Ici, je ne veux surtout pas imposer ma religion ; je souhaite simplement partager ma joie d'être catholique. C'est au cours de mes journées au centre de santé, où j'exerce en tant qu'infirmière, que je ressens cette évangélisation des cœurs ; tout simplement par des gestes d'amour du prochain. Un sourire, même derrière le masque, peut rendre la joie au patient ou au garde-malade. Prendre le temps d'écouter, avec respect et bienveillance, a un impact important au quotidien comme dans les situations de souffrance, de fin de vie. Je découvre que l'on peut faire du bien par sa seule présence. C'est une réelle source d'espérance. Chaque matin, lors de la prière commune des soignants et patients qui le souhaitent, une phrase redonne un sens à ma mission : "Mon Dieu, je t'offre ma joie pour accueillir, mon cœur pour soulager, ma force pour tenir et ma vie pour soigner." » ■

DCC

Marguerite Olagne au centre de santé de Foumban (Cameroun).

Sébastien Antoni, journaliste

Shema, écoute… la Parole

Institué par le pape François en 2019, le dimanche de la Parole, cette année le 22 janvier, est une occasion d'encourager à considérer et approfondir l'héritage juif du Premier Testament.

Le dimanche de la Parole est célébré cette année le 22 janvier. À cette occasion, le Service national de pastorale liturgique et sacramentelle propose des conseils et des outils pour une lecture de la Bible enracinée dans son terreau d'origine : la Première Alliance. « On ne peut que s'enrichir par la lecture croisée de la Parole », déclare Michel Sternberg. À Fontenay-aux-Roses (Hauts-de-Seine), le président de l'association Amitié judéo-chrétienne (AJC) de la banlieue sud de Paris organise depuis dix ans, avec des croyants juifs et chrétiens, des soirées bibliques dans la crypte de l'église paroissiale. « Lors de nos rencontres, nous lisons des versets d'un livre du Premier Testament, explique-t-il. Chacun, de la quinzaine de personnes que nous rassemblons, réagit à ce qu'il a lu et entendu et donne son avis. En plus de ces soirées, un petit groupe de cinq, tous hébraïsants, se réunit pour une lecture plus fine des textes. Nous approfondissons notre foi qui se fonde dans ces textes qui nous sont communs. » Jacqueline Cuche, déléguée diocésaine pour les relations avec le judaïsme du diocèse de Strasbourg (Bas-Rhin) et fondatrice de l'association Charles-Péguy qui promeut toute démarche favorisant le rapprochement entre juifs et chrétiens, insiste aussi sur ce lien entre Écritures et foi. Elle rappelle qu'« ignorer les Écritures c'est ignorer le Christ, comme le disait saint Jérôme. Il est fondamental pour la foi, particulièrement pour nous chrétiens, de lire la Bible, toute la Bible et non seulement le Nouveau Testament ». Le concile Vatican II, dans la déclaration *Nostra aetate*, recommande « la connaissance et l'estime mutuelles, qui naîtront surtout d'études bibliques et théologiques » (NA, § 4). Dans cet élan à Strasbourg, il y a quarante-cinq ans, fut fondé « l'un des plus anciens groupes d'études bibliques à deux voix, en France », se félicite Jacqueline Cuche. « Un jeudi par mois, dans le couvent des ...

Le pape François en visite à la synagogue de Rome (Italie), le 17 janvier 2016.

… franciscains, le groupe travaille les textes. Hélas, il se réduit et a du mal à se renouveler, regrette-t-elle. Pourtant, les papes Jean-Paul II, Benoît XVI et, aujourd'hui, François encouragent fortement les catholiques à renouer avec leur histoire juive. Le dimanche de la Parole pourrait être un déclic pour nous rejoindre », ajoute-t-elle. À Poitiers (Vienne), Danièle Parda, de confession juive, responsable du groupe AJC de la région, organise des formations bibliques. « Lire la Parole a besoin de formation pour ne pas risquer des interprétations aventureuses. Pour éviter cela, nous proposons, conjointement avec les chrétiens, des conférences bibliques avec le rabbin Philippe Haddad pour mieux comprendre nos Traditions », déclare-t-elle. « Je suis d'origine juive et je suis baptisé catholique. La lecture de la parole de Dieu selon les deux traditions religieuses est pour moi essentielle et naturelle », conclut Michel Sternberg. ■

Associations judéo-chrétiennes

pour approfondir la Bible entre juifs et chrétiens

AJCF – Amitié judéo-chrétienne de France – www.ajcf.fr

Cirdic – Centre d'initiatives pour les relations et le dialogue entre juifs et chrétiens – www.cirdic.fr

Davar – Dialogue et étude entre croyants juifs et chrétiens – www.davar.fr

Association Charles-Péguy – www.judaisme.sdv.fr/today/oecumeniq/ch-peguy.htm

LE JOUR DU SEIGNEUR – FRANCE 2

1er/1 10 heures : monastère Sainte-Trinité, Bayeux (14). Prédicateur : P. Jean-Marie Petitclerc, salésien de Don Bosco.

8/1 11 heures : église Saint-Joseph, Montigny-les-Cormeilles (95). Prédicateur : Fr. Thierry Hubert, dominicain.

15/1 11 heures : collégiale Notre-Dame et Saint-Laurent, Eu (76). Prédicateur : Fr. Franck Dubois, dominicain.

22/1 11 heures : célébration œcuménique, église orthodoxe Saint-Irénée, Marseille (13). Prédicateur : *information non confirmée.*

29/1 *Informations non confirmées.*

FRANCE CULTURE (10 heures)

1er/1 Chapelle Notre-Dame de la Médaille miraculeuse, Paris (VIIe). Prédicateur : Mgr Bernard Podvin.

8/1 Église Notre-Dame de l'Assomption, Vic-sur-Aisne (02). Prédicateur : P. Jean Alexis Aguma.

15/1 Église Saint-Jacques-du-Haut-Pas, Paris (Ve). Prédicateur : P. David Sendrez.

22/1 Église Sainte-Thérèse de l'Enfant Jésus, Boulogne-Billancourt (92). Prédicateur : Mgr Matthieu Rougé.

29/1 Chapelle Notre-Dame de la Médaille miraculeuse, Paris (VIIe). Prédicateur : P. Bertrand Bousquet.

Informations communiquées sous réserve de modifications.

LIVRES

LA SÉLECTION DE PANORAMA

La gloire des bons à rien

Sylvain Detoc,
Éditions du Cerf, 160 p.

« Le bon Dieu, à première vue, est un très mauvais DRH. » Le dominicain Sylvain Detoc dresse avec humour le portrait des grandes figures de la Bible. Leur point commun ? Tous des bons à rien ! D'Abraham à Marie Madeleine en passant par Moïse, Dieu confie sa parole à une humanité imparfaite. Comme eux, n'ayons pas peur d'annoncer l'Évangile malgré nos fragilités. ■ **Brieuc Havy**

Synode ? Vous avez dit synode ?

Benoît-Dominique de la Soujeole, Artège, 96 p.

« La vie synodale doit manifester comment la communauté chrétienne vit à la fois dans une grande unité et dans une prodigieuse diversité. » Le dominicain Benoît-Dominique de la Soujeole nous livre dans son dernier ouvrage plusieurs clés de lecture pour nous approprier la démarche du Synode sur la synodalité lancé par le pape François en octobre 2021. Ici, l'auteur invite chacun à la communion ecclésiale.

Afin que vous donniez du fruit

Anne Lécu,
Éditions du Cerf, 224 p.

Les métaphores de la vigne et du blé, l'expression « porter du fruit »… Autant d'éléments bibliques sur lesquels Anne Lécu, bien connue des lecteurs de *Prions en Église*, s'est penchée avec génie et fraîcheur dans son nouvel ouvrage. Citant le fruit d'Ève mais aussi ceux de l'Esprit en passant par le figuier et Jérémie, la dominicaine, avec son style inspiré, nous offre un regard neuf sur les Écritures. » ■

Anne-Quitterie Jozeau

© Alice Sidoli -Musée de Picardie

Musée de Picardie, Amiens (80).

Dans la chambre du roi

Choisis par Louis XIV pour sa chambre à Versailles, six tableaux dans l'esprit caravagesque sont exceptionnellement prêtés au Musée de Picardie. Ils y sont présentés à hauteur humaine, ce qui les rend particulièrement accessibles. Tous traitent de thèmes bibliques : les évangélistes, *Saint Matthieu*, *Saint Luc*, *Saint Jean*, *Saint Marc*, et *Le denier de César*, peints par Valentin de Boulogne (1591-1632), et *Agar secourue par l'ange dans le désert*, par Giovanni Lanfranco (1582-1647). ■

Benoît de Sagazan, rédacteur en chef du *Monde de la Bible*

Jusqu'au 26 février 2023 – Musée de Picardie, 2 rue Puvis-de-Chavannes, 80000 Amiens – 03 22 97 14 00 – www.amiens.fr

NOS ACTUS

« Prie-Dieu » Le nouveau podcast « Prions en Église »

Un nouveau podcast sur la prière et la vie spirituelle est disponible dans l'appli *Prions en Église.* Chaque semaine, le père Sylvain Gasser, assomptionniste, propose une conversation spirituelle avec des personnes d'horizons différents qui partagent avec nous leurs relations à Dieu dans la prière et la lecture de la Parole. ■

Amandine Boivin

Disponible sur inscription en téléchargeant l'application *Prions en Église.*

CD

Stéphane Grappelli au piano

Enregistrements inédits
Label Ouest

Quand on parle de Stéphane Grappelli, on pense au violon. Et pourtant, son instrument favori demeurait le piano ! Ces enregistrements inédits d'improvisations au clavier nous font mesurer le talent, la liberté créatrice du musicien. Une vitalité musicale qui a quelque chose de spirituel.

Chants pour un synode

Chantons en Église

ADF Musique

Ce nouveau CD de la collection *Chantons en Église* propose des chants pour accompagner une démarche synodale, en groupe, en paroisse ou en diocèse. En vue du synode de l'automne, des chants évoquant l'Esprit et l'Église et invitant à marcher ensemble dans l'espérance. ■

Dominique Pierre, rédacteur en chef de *Chantons en Église*

NUMÉRIQUE

L'Appli en poésie

L'application numérique de *Prions en Église* propose des méditations quotidiennes de la parole de Dieu. Désormais, tous les dimanches, le poète Thierry Lemoine offre aussi, en podcast à écouter, sa lecture personnelle et poétique des Écritures. Chaque texte est une musique aux mélodies diverses, une liturgie de l'âme. Tantôt de vers, tantôt de prose, ils prolongent la grande histoire et l'invitent aux portes de la nôtre. ■

Sébastien Antoni

Disponible sur l'Appstore et Playstore

AGENDA

Informations communiquées sous réserve de modifications.

PÈLERINAGE NATIONAL J-200 ! 150 ANS

Grand-Nord-Ouest

LA FERTÉ-IMBAULT (41)

SAMEDI 28 ET DIMANCHE 29

Retraite spirituelle

« Les cinq trésors de l'amour familial », une pause pour les familles et les fiancés, en Sologne avec les Fraternités monastiques de Jérusalem, animée par Michel Martin-Prével, prêtre de la communauté des Béatitudes.

06 07 30 58 54 (Catherine Gendre Usal pour la Fraternité des familles)
familles.paris@fraternitesjerusalem.org

LORIENT (56)

DIMANCHE 15

Session

« Naturellement surnaturel » : un dimanche à l'école des saints, avec la congrégation de l'Oratoire Saint-Philippe-Néri de Lorient. Ouvert à tous (accueil des enfants et des adolescents), prière commune.
De 12 heures à 15 h 30, au Cercle Saint-Louis.

02 97 64 39 64
saintphilippeneri.lorient@gmail.com
oratoire-lorient.fr et www.oratoire.org

SAINT-CYR-SUR-LOIRE (37)

LUNDIS 16 ET 23

Sessions

Deux rencontres pour « Cheminer avec Dieu à la façon de saint Ignace » et découvrir sa spiritualité. Dieu qui s'est révélé à Ignace se fait connaître comme une force créatrice à laquelle il nous demande de collaborer.

02 47 88 46 00
ursule-tours.cef.fr

Grand Nord-Est

MOUVAUX (59)

SAMEDI 28

Formation

Découvrir la pensée de Teilhard de Chardin précurseur du lien entre science et religion (l'évolution du monde, l'éthique dynamique…). Éclairé par Gauthier Leurent et Guy-André Loeuille.
De 14 h 30 à 22 heures.

contact@hautmont.org
03 20 26 09 61
www.hautmont.org

DIJON (21)

DIMANCHE 8

Session

Une fois par mois, table ouverte pour …

... le « dimanche oratorien », l'occasion de prière et de partage avec la communauté oratorienne de Dijon.
03 80 68 49 59
oratoiredijon@gmail.com
oratoire-dijon.fr

JOIGNY (89)
SAMEDI 7
Halte spirituelle
« Samedi pour Dieu: respirer au rythme de la parole de Dieu. » Une journée avec temps de prière personnelle avec la Parole, avec les sens, les icônes, l'argile, dialogue contemplatif, partage et moment convivial. Par l'équipe du Centre Sophie-Barat.
03 86 92 16 40
centre-sophie-barat@rscj.com
www.centre-sophie-barat.com

Grand Sud-Ouest

BORDEAUX (33)
VENDREDI 13 ET SAMEDI 14
Formation à la prière
« Prier à l'école de saint François de Sales », avec Mgr Bernard Podvin à l'Institut Pey Berland. Conférence sur ce précurseur d'une vie spirituelle et d'une sainteté pour tous et une journée à l'école de ce pasteur et docteur de l'Église.
05 57 81 74 96
contact@institutpeyberland.fr
www.institutpeyberland.fr

URT (64)
DU SAMEDI 21 AU DIMANCHE 22
Week-end
Deux jours pour prier et contempler, un temps de pause, de rencontre pour reprendre souffle. À l'abbaye Notre-Dame de Belloc avec l'équipe Coteaux Païs de Pau-Bayonne.
05 62 71 65 30
secretariat@coteaux-pais.net
www.coteaux-pais.net

LOURDES (65)
DU MERCREDI 25 AU VENDREDI 27
Rencontre
26es Journées internationales saint François de Sales. Journalistes et communicants catholiques du monde entier se retrouvent à Lourdes. Remise du prix Jacques-Hamel, qui récompense un travail journalistique sur des initiatives interreligieuses.
medias-catholiques.fr

Grand Sud-Est

MEYLAN (38)

À PARTIR DU MARDI 3

Parcours

Dans le cadre des « mardis du Centre théologique de Meylan », 10 matinées pour étudier le message et la spécificité de l'épître aux Hébreux, avec les enseignants du CTM. Adhésion à l'association indispensable.
04 76 41 62 83
contact@ctm-grenoble.org
ctm-grenoble.org

FRANCHEVILLE (69)

SAMEDI 14 ET DIMANCHE 15

Week-end famille

« Famille, saisons et Laudato si' », vivre concrètement en famille l'écologie intégrale au milieu du parc •••

ZOOM

Rencontre nationale des chrétiens en grande école

Les 28 et 29 janvier, se tiendra à Paris la Rencontre nationale organisée par le réseau Chrétiens en grande école et destinée aux aumôneries et communautés chrétiennes de l'enseignement supérieur en France. Cette année, le thème de l'événement reprend la célèbre phrase de Mère Teresa : « La vie est un défi, relève-le ! » Après Strasbourg en 2020, et une interruption de deux ans pour cause de Covid, c'est à Paris qu'est prévue la rencontre 2023. Durant ce week-end, des centaines d'étudiants se rassemblent pour réfléchir à des problématiques de notre temps. Ces futurs responsables de la vie publique participent à des tables rondes et des conférences rassemblant des acteurs de la société et de l'Église. La convivialité mais aussi la prière tiennent une place essentielle dans la rencontre. « Entre deux semestres, ce week-end me reboostera, c'est sûr, déclare Archibald, étudiant en école d'ingénieur. Ensemble, on va prier et réfléchir à nos responsabilités au cœur du monde. » ■

rn.cgenational.com

Sébastien Antoni, journaliste

… du centre spirituel Le Châtelard avec les jésuites Xavier de Benaze et Alexandre Masson.
04 72 16 22 33
accueil@chatelard-sj.org
www.chatelard-sj.org

Île-de-France

PARIS (VI^E)

DU LUNDI 30 AU JEUDI 2 FÉVRIER

Session
Organisée par le Ceras (Centre de recherche et d'action sociales), cette session nationale de formation aura pour thème : « Violences, symptôme au système ? Nommer, affronter, dépasser ». Conférences, travail en groupe, rencontre avec des acteurs du terrain… au Centre Sèvres.
01 48 22 40 18
formation@ceras-projet.com
www.ceras-projet.org

PARIS (VI^E)

VENDREDI 13

Lecture de la Bible
« Entrer dans l'intimité de l'univers des évangiles. » Atelier de lecture et de méditation des évangiles, animé par Dominique Gilles et Thibault Lopez-Brunner au Forum 104.
01 45 44 01 87
www.forum104.org

France

DU SAMEDI 21 AU VENDREDI 27

Nuit des témoins
L'Aide à l'église en détresse (AED) invite des grands témoins du Tchad, de la Birmanie et du Nicaragua pour des rencontres à travers la France : Saint-Germain-en-Laye le 21, Saint-Bonaventure, à Lyon, le 22, à la cathédrale Notre-Dame à Nice le 23, à la cathédrale Notre-Dame de la Treille, à Lille, le 24 et à l'église Saint-Sulpice, à Paris, le 27.
aed-france.org

ENVOYEZ VOS RENDEZ-VOUS À L'AGENDA DE PRIONS EN ÉGLISE : Merci d'envoyer les informations nécessaires 3 mois avant l'événement, sans engagement de publication par la rédaction, à : *Prions en Église*, Agenda, 18 rue Barbès, 92120 Montrouge, ou par e-mail : *prionseneglise@groupebayard.com*

PrionsenÉglise 18, rue Barbès,
www.prionseneglise.fr 92128 Montrouge Cedex.

▶ **POUR CONTACTER LE SERVICE CLIENT : 01 74 31 15 01** – service.client@groupebayard.com
(Préciser : nom + adresse postale + « concerne Prions en Église ».)

▶ **POUR VOUS ABONNER : 01 74 31 15 01** – www.librairie-bayard.com
Bayard, Prions en Église, TSA 60007, 59714 Lille Cedex 9

▶ **POUR CONTACTER LA RÉDACTION : 01 74 31 63 24** – prionseneglise@groupebayard.com

Directeur de la publication : Pascal Ruffenach. Directeur du secteur et directeur des rédactions : Jean-Pierre Denis. Rédaction : Karem Bustica (rédactrice en chef), Pomme Mignon (rédactrice en chef adjointe visuel, directrice artistique), Frédéric Pascal (rédacteur en chef adjoint), Armelle Gabriel (assistante), Nicolas Crouzier (secrétaire général de la rédaction), Jean-Baptiste Deau (1er secrétaire de rédaction), Clotilde Pruvôt, Véronique Jollé (secrétaires de rédaction), Laurent Sangpo, Pascal Redoutey (rédacteurs graphistes), Ania Biszewska (rédactrice photo), Sébastien Antoni (chef de grande rubrique), Anne-Quitterie Jozeau (rédactrice), Agnès Thépot (relations lecteurs). Ont participé : Michèle Clavier, Thibault Van Den Driessche. Marketing éditeur et développement : Anne-Claire Marion (directrice), Amandine Boivin (responsable marketing). Marketing diffusion et abonnement : Aurore Bertrand (directrice), Sandrine Dos Santos (chef de marché). Direction des terrains catholiques : Cédric Bloquet (directeur). Voyages lecteurs : Corinne Miguel. Contrôle de gestion : Tonnumy Ai. Fabrication : Grégory Cervantes. Impression : Maury SAS, Z.I. Route d'Étampes, 45330 Malesherbes. Textes liturgiques : © AELF. Chants : © Éditeurs. © Bayard et Novalis. Reproduction interdite sans autorisation. *Prions en Église* est édité par Bayard, société anonyme à Directoire et Conseil de Surveillance au capital de 16 500 000 €. Actionnaires : Augustins de l'Assomption (93,7 % du capital), SA Saint-Loup, Association Notre-Dame de Salut. Directoire : Pascal Ruffenach (président), André Antoni, Florence Guémy et Jean-Marie Montel (directeurs généraux). Président du Conseil de Surveillance : Hubert Chicou. Dépot légal à parution. CPPAP : 0425K86471 - ISSN : 0383-8285. Belgique et Luxembourg : Bayard Presse Bénélux, Da Vincilaan, 1 – 1930 Zaventem. Tél. : 0800 90 028 (de Belgique, gratuit) ou 00 32 87 30 87 32 (de France) ou 800 29 195 (du Luxembourg). Web marché chrétien : librairie-bayard.com. Suisse : Edigroup SA 39 rue Peillonnex 1225 Chêne-Bourg – Suisse. Tél. : 00 41 22 860 84 02. Mail : abobayard@edigroup.ch

PEFC 10-31-1282
Certifié PEFC
Ce produit est issu de forêts gérées durablement et de sources contrôlées.
pefc-france.org

IMPRIM'VERT

***Prions en Église* agit pour l'environnement**

PETIT FORMAT Origine du papier : Suède. Taux de fibres recyclées : 0%. Origine des fibres : papier issu de forêts gérées durablement. Impact sur l'eau : Ptot 0,007 kg/T

GRAND FORMAT Origine du papier : Allemagne. Taux de fibres recyclées : 100 %. Origine des fibres : papier issu de forêts gérées durablement. Impact sur l'eau : Ptot 0,0016 kg/T

Ce numéro comporte
Sur la totalité de la diffusion : *encart broché "Prions en Église" ; encart posé "Prions en Église Junior" ; encart jeté "Prions en Église".*
Sur une partie de la diffusion : *encart posé "Bayard jeunesse" offre abonnement ; relance posée "Prions en Église" offre d'abonnement.*